LA TENTATION DU CHRISTIANISME

Collection dirigée par Jean-Paul Enthoven

LUC FERRY
et
LUCIEN JERPHAGNON

La Tentation
du christianisme

GRASSET

ISBN : 978-2-253-12995-0 – 1re publication LGF

Fait impensable il y a un siècle ; encore improbable, il y a cinquante ans : c'est aujourd'hui une
laïcité sereine et apaisée qui règne en Europe
occidentale. Certes, débats et polémiques n'ont
pas cessé ; ils se poursuivent sur les signes religieux à l'école, sur les racines spirituelles de
l'Europe, sur la loi de 1905, sur le concept de
« laïcité positive »… mais, en dépit des effets de
manche et des postures volontiers dramatiques,
ils se déroulent dans un espace public remar-
quablement pacifié. Bien sûr, il faut rester vigi-
lant à l'égard des fondamentalismes et d'un
obscurantisme toujours renaissant, mais comment ne pas voir que ce qui menace aujourd'hui
le public comme le privé relève moins du dog-
matisme que de l'ignorance ? Car notre époque
désenchantée a vu apparaître deux phénomènes
nouveaux susceptibles de rouvrir les conflits du
passé. D'un côté, la tentation d'une religion cou-

pée de toute culture aspirant à ce qu'Olivier Roy a appelé avec justesse *La Sainte Ignorance* (Olivier Roy, Seuil, 2008). On la retrouve au cœur de tous les fondamentalismes (évangélisme, salafisme, etc.) qui offrent une nourriture spirituelle relevant davantage du *fast food* que de la gastronomie ou du terroir : un minimum doctrinal aussi figé qu'aride, dénué de toute latitude interprétative, hostile aussi bien à la tradition qu'à la modernité. D'un autre côté émerge la tentation d'une culture coupée de toute religion visant, dans un matérialisme hyperbolique, à abolir les références historiques et à dénoncer comme illusoires toutes les formes d'expression spirituelle. On en vient ainsi à oublier que la religion fut longtemps notre culture et qu'elle continue à l'être, même à notre insu. Faute d'une réappropriation lucide et éclairée de cet héritage, le risque est grand de voir ressurgir les démons du passé.

Laïcité sereine, donc, mais laïcité fragile. C'est ce double constat qui est à l'origine de cet ouvrage et de la question qui l'anime : « Pourquoi le christianisme ? » Car on ne peut poser une telle question que dans un contexte laïque, lorsque la vérité d'une religion a cessé d'aller de soi et d'imposer sa loi. Mais on a également le devoir de la poser à un moment où le désen-chantement du monde fait courir le risque de la déculturation.

Pourquoi une religion somme toute excen-trique comme l'était le christianisme est-elle deve-nue la culture occidentale ? Voilà ce qu'il nous faut comprendre. Les philosophes ont rarement insisté sur le caractère hautement improbable du phénomène, que ce soit Hegel qui voyait dans la naissance du christianisme un progrès (encore insuffisant) dans l'aspiration éternelle de l'esprit humain à saisir l'absolu dans son essence ; ou que ce soit Nietzsche qui diagnos-tiquait l'aggravation d'une maladie grecque contractée par Socrate : la haine de la vie. Tous deux privilégiaient, quoique de manière inverse, l'hypothèse de la continuité.

L'énigme pourtant apparaît dès les premiers textes chrétiens. Saint Paul en offre la formule parfaite dans la Première Épître aux Corinthiens où il présente le message chrétien comme « un scandale pour les Juifs et une folie pour les Grecs ».

• Aux yeux des Juifs, le scandale chrétien, c'est la sortie du régime de la loi au profit du régime de la foi. Comme le dit encore Paul dans son Épître aux Galates : « Avant la venue de la foi, nous étions gardés en captivité sous la loi, en vue de la foi qui devait être révélée. Ainsi donc, la loi a été notre surveillant, en attendant le Christ, afin que nous soyons justifiés par la foi. Mais après la venue de la foi, nous ne sommes plus soumis à ce surveillant. »

• Aux yeux des Grecs, la folie chrétienne tient tout entière dans une promesse de résurrection personnelle qui suppose un abandon de la raison et la confiance absolue envers un Dieu dont l'universalité n'a d'égale que l'absence.

Paul a bien conscience de lutter contre un double front : remplacer l'ordre de la loi juive et celui de la raison grecque par le régime de la foi. Comment ce message singulier a-t-il pu se développer, gagner et finalement s'imposer dans l'Empire romain à partir de Constantin ? Comment le christianisme a-t-il fait pour passer du statut de secte à celui de civilisation ? Voilà les questions que l'équipe du Collège de Philosophie a souhaité poser à ceux qui savent : Lucien Jerphagnon et Luc Ferry, deux auteurs qui possèdent le talent rare de savoir raconter les idées en mariant la clarté avec la profondeur.

Cette séance s'est tenue en Sorbonne dans l'amphithéâtre Descartes le 16 février 2008.

Éric Deschavanne &
Pierre-Henri Tavoillot
http://collegedephilosophie.blogspot.com

Pourquoi le christianisme ?
Du point de vue des Romains

(Lucien Jerphagnon)

Pourquoi le christianisme ? – Au fait, pourquoi le paganisme ? En effet, il me semble que tenter de répondre à la première question serait moins hasardeux si nous avions déjà de quoi de répondre à la seconde. Il nous faudrait du moins être plus proche des mentalités quand le christianisme est apparu, s'est développé, et a fini par s'imposer.

L'idéal serait donc de suivre l'inculturation du christianisme dans l'Empire de Rome. On observerait alors un christianisme en évolution dans un paganisme en évolution. Mais tant de siècles après coup, le réel consiste à réfléchir sur le peu qui nous est parvenu de ce qu'ont vécu en direct, et durant trois cents ans, tant et tant de gens, tous marqués par leur époque, leur région, leur milieu. Du vécu plus ou moins transformé, d'ailleurs, par la chaîne des intermédiaires, eux-mêmes imprégnés par l'esprit de leur temps. Dans ces conditions, comme dit Pierre Chuvin, « c'est une chance que d'entrevoir des bouts d'existence individuelle[1] ».

Voilà qui nous rend prudents à l'égard des généralités. Comme Dodds, je pense que « l'habitude de découper l'histoire en morceaux de longueur commode et de les appeler des "périodes" ou des "âges" a des inconvénients. À proprement parler, les périodes n'existent pas dans l'histoire, mais seulement chez les historiens : l'histoire réelle est un flot qui s'écoule de façon continue jour après jour[2] ». Quant aux idées générales, je vais dire avec Paul Veyne : « Elles ne sont ni vraies, ni fausses, ni justes, ni injustes, mais creuses[3]. » *Les* chrétiens ? *Les* païens ? – Mais *quels* chrétiens ? Ceux des premiers temps, que les Romains ne distinguaient même pas des Juifs ? Rappelons

1. P. Chuvin, *Chronique des derniers païens*, Les Belles Lettres-Fayard, 2004, p. 105.
2. E.R. Dodds, *Païens et chrétiens dans un âge d'angoisse*, trad. A.-D. Saffrey, La Pensée sauvage, 1979, p. 17.
3. P. Veyne, *Le Quotidien et l'Intéressant*, Les Belles Lettres, 1998, p. 217.

Suétone signalant autour de 120 que Claude avait expulsé les Juifs en 49, car ils s'agitaient « *impulsore Chresto*, à l'instigation d'un certain Chrestos[1] » – qu'il prend pour un contemporain de l'empereur. Ou parle-t-on du christianisme des IVe-Ve siècles, un panier de crabes où s'entre-excommunient Nicéens, Ariens, Donatistes, Nestoriens, etc. ?

Même embrouillement, bien sûr, côté païens. De quoi parle-t-on ? Du paganisme éclairé d'un Cicéron, d'un Varron, d'un Juvénal, ou du paganisme intégriste de Julien, dit l'Apostat ? Les mentalités évoluent, et singulièrement quand il s'agit de religion, où mythique et rationnel se croisent à propos de ce que nous appelons le naturel et le surnaturel. Si diverses sont alors les intentions de la conscience, individuelle et collective, qui s'y enchevêtrent que l'observateur se croit dans l'universel alors qu'il patauge dans l'anachronisme. Nous y sommes tous exposés.

Dès lors, on n'est jamais trop prudent quand on se hasarde sur pareil terrain. Question de méthodologie, je crois qu'il est sage de garder en tête la distinction que rappelle Robert Turcan

---

1. Suétone, *Vit. Claud.,* XXV.

au tout début de son *Constantin*. Il y a, dit-il,
« une histoire apparente et événementielle (…),
celle des *res gestae*, des faits patents ou connus :
l'histoire politique, militaire, diplomatique ou
macro-économique » et ce qu'il appelle « une
histoire des esprits », obscure, celle-là. En effet,
« elle concerne tels phénomènes dont l'origine,
le développement initial et les premiers chemi-
nements nous échappent souvent ». Ce qui est
exactement le cas pour les religions. Or, cette
histoire des esprits, précise Turcan, « n'émerge
clairement qu'à partir du moment où elle croise
de front la première et affirme son impact sur le
pouvoir ou sur les organes du pouvoir en
place, voire et avant tout sur le cours percep-
tible des choses[1] ». De fait, c'est bien ainsi qu'il
en est allé tout au long de l'histoire de la Rome
antique, notamment quant à la symbiose du
socio-politique, du mythique et du religieux.
D'où ce mot de Cicéron : « La sagesse consiste à
s'instruire des choses divines et humaines[2]. »
Essayons, et regardons de plus près ce qu'il en
était en milieu romain de la religion vécue au
quotidien.

---

1. R. Turcan, *Constantin en son temps. Le baptême ou la
pourpre*, Faton, 2006, p. 7.
2. Cicéron, *De Fin.*, II.12-37.

*

Temples, statues, sarcophages ornés, ex-voto, textes de toute nature, tout cela montre que les dieux, les demi-dieux, les déesses, les nymphes, n'ont jamais manqué à Rome à quelque moment de son histoire. Selon les spécialistes, le nombre en serait même effarant, et cela d'autant plus que du point de vue religieux, Rome était ville ouverte. À mesure que s'étendaient ses conquêtes, on voyait s'intégrer au Panthéon ancestral nombre de divinités venues de la Grèce, de l'Égypte, de l'Orient. Au IVᵉ siècle, Arnobe peste contre « Rome adoratrice de tous les dieux[1] ». « Une mosaïque de religions[2] », dit Chuvin ; « le Vatican du paganisme », selon Peter Brown.

Dans *Rome et ses dieux*, Turcan a précisé le rôle que jouaient toutes ces divinités dans le quotidien du Romain. Cette omniprésence m'inciterait à parler de « religion de proximité ». Religion de la famille, religion du terroir, religion de la Cité puis de l'Empire, avec ses pontificats et ses célébrations officielles ;

---

1. Arnobe, *Adv. Nat.,* VI.7.
2. P. Chuvin, *op. cit.,* p. 17.

religions aussi venues de loin, les fameux
« mystères », qui étaient autant de polices
d'assurance sur la vie éternelle. Pieuse, Rome
l'était ; pieux étaient ses princes, depuis les
temps du bon roi Numa Pompilius, qu'inspirait la nymphe Égérie, jusqu'à l'époque des
Césars. Ainsi, les traités hellénistiques *Peri
basileias* d'Ecphante, Diotogène et Sthénidas
disent bien que c'est des dieux que le roi idéal
tient ses pouvoirs. Voyez ce relief de l'arc de
Bénévent, qui montre Trajan recevant le foudre
des mains de Jupiter, Junon et Minerve. Bref,
était arrivé aux Romains ce qu'on voit à l'origine de toutes les civilisations. L'opacité d'un
monde dont on a tout à attendre et tout à
redouter en appelait à une transcendance,
comme y a si justement insisté Luc Ferry[1]. Il
fallait bien que tout s'explique, se justifie : la
vie, la mort, l'après-mort, l'amour, la politique. Et qu'on sache au juste quoi faire et ne
pas faire, puisque tout dépendait de ces puis-
sances qui logeaient dans les cieux, sous la
terre, dans les airs, et qui se manifestaient par
des songes, des visions, des prodiges. « Le
mythe, dit Gusdorf, s'affirme comme la forme

---

1. Voir L. Ferry, *Qu'est-ce qu'une vie réussie ?* Grasset,
2002, p. 15, 18, 36, 47.

spontanée de l'être dans le monde[1]. » Plus tard
viendra la philosophie, mais longtemps le merveilleux hantera la conscience avant que les
lumières de la raison n'y installent d'autres
rêves.

Restait donc à entretenir les meilleurs relations avec le ciel. Chaque divinité avait sa spé-
cialité, ses exigences. D'où le souci de s'assurer
les faveurs de toutes, et surtout de ne s'en
mettre aucune à dos. Sans compter que les
dieux, à ce qu'on disait, ne s'entendaient pas
toujours entre eux. D'un bout à l'autre de son
histoire, Rome aura vécu sous l'œil de ses divinités tutélaires. Le Romain se voyait le client de
ses dieux, comme on l'était socialement de
quelque V.I.P. dont on tirait plus d'un avantage
au quotidien.

Nous retrouvons là « le pragmatisme invé-
téré des Romains, soucieux toujours, dit Turcan, de sécuriser l'initiative humaine ». Que
demandent-ils aux dieux ? « De les favoriser,
mais avant tout, de les rassurer[2]. » De là cette
obsession partout présente du sacrilège : le

---

1. G. Gusdorf, *Mythe et métaphysique,* Flammarion,
1953, p. 16.
2. R. Turcan, *Rome et ses dieux*, Hachette, 1998, p. 23-
24.

commettre, c'est s'exposer à des représailles célestes ou infernales. Fût-ce en rêve, ainsi qu'il ressort de l'*Onirocriticon* d'Artémidore, au IIᵉ siècle. Un exemple : malheur à qui aura rêvé qu'il s'était... soulagé dans le temple d'un dieu[1]. De là aussi la minutie maniaque qui préside aux exercices du culte, et à tous les niveaux. Le rituel veut être observé à la lettre, même si l'on ne se rappelle plus le sens qu'ont les gestes et les paroles. Ce qui arriva à Marc Aurèle enfant, quand on l'intégra au prestigieux collège des prêtres saliens, consacrés au dieu Mars[2]. Quintilien dit que même les célébrants ne comprenaient plus un mot de ce qu'on chantait dans cette liturgie dansante. Mais en suivant à la lettre le rituel, on mettait le dieu de son côté, et c'était l'essentiel. Selon Valère Maxime, c'était même à cette observance scrupuleuse tout au long des âges que Rome devait sa grandeur et la stabilité de ses conquêtes[3]. Des siècles plus tard, l'argument vaut toujours : Tertullien, puis Constantin le reprennent, mais en faveur du dieu chrétien[4].

---

1. Artémidore, *Onir.,* II.26.
2. Marc Aurèle, *Vita,* IV.2.
3. Valère Maxime, *Facta et dicta,* I.1.8.
4. Tertullien, *Apol.*, XXV.2 ; Eusèbe, *Hist. eccles.,* X.2.

Comme quoi Rome et les dieux ont toujours eu partie liée.

Dans ce contexte, on voit mieux ce qu'était au juste la piété. « La prière romaine, précise Turcan, n'a jamais rien d'une effusion mystique. C'est une sollicitation en bonne et due forme, aussi strictement réglementée qu'une requête en justice[1]. » J'ajoute qu'aucun dogme ne prétendait définir ce qu'il fallait croire et penser des dieux en général ou de telle déesse en particulier, ni n'interdisait de se faire initier à quelque mystère exotique, dès lors qu'on était en règle avec le religieusement correct. Nous voyons donc, comme dit Turcan, que « la rigueur du ritualisme romain n'exclut pas le libre arbitre, sinon un agnosticisme tranquille[2] ». Enfin, les Romains aimaient le clair et distinct. Aussi, à mesure que la philosophie grecque se diffusait en milieu cultivé, on repensait la religion en son fond, sans toucher quoi que ce soit de sa forme. Dès le Ier siècle avant notre ère, Varron, dont saint Augustin vantera le savoir, distinguait trois « théologies », selon l'angle sous lequel on regardait les dieux : une phénoménologie avant la lettre. Il y avait la

---

1. R. Turcan, *Rome et ses dieux,* p. 149.
2. R. Turcan, *op. cit.,* p. 23-24.

théologie poétique, la civile et la philosophique. La poétique s'occupe des dieux homé-
riques et de leurs aventures rocambolesques.
Certes, plus grand monde ne prenait cela à la
lettre, mais l'essentiel, depuis Théagène de
Rhégium au VIe siècle avant J.-C., c'était d'en
décrypter le sens allégorique. La civile traite
des divinités tutélaires, celles qui protègent la
cité, et plus largement, la *romanitas*. Quant à
la troisième, portant sur la nature des dieux,
c'est l'affaire des philosophes, qu'on voit d'ailleurs
évoluer vers la notion de déité unique, sous
quelque forme qu'ils la conçoivent. Ainsi
Sénèque : « *Deus sive natura.* » Un détail : Varron attribuait sa théologie tripartite au pontife
Mucius Scaevola. Ainsi, il était couvert…

Si je pense avec Turcan que le Romain moyen
« joue serré avec les dieux », il me semble que
la religion vécue laisse toutefois entrevoir des
mouvements de ferveur spontanée, surtout chez
les gens de la partie orientale de l'Empire.
Voyez Aelius Aristide, le conférencier à la mode,
au IIe siècle de notre ère. Un brin névropathe, il
tient le journal de son hospitalisation à l'*asklé-
piéion* de Pergame. Entre deux vomitifs, un
lavement et une purge, c'est avec des accents
pascaliens qu'il rend grâce au dieu qui les lui

a prescrits[1]. De même, la formule *anth'ôn* [ἀνθ'ὧν], *en échange de quoi*, qu'on lit sur tant d'inscriptions, montre bien, en effet, qu'entre les dieux et les hommes, c'est toujours le « donnant-donnant ». Pourtant, que d'ex-voto laissent entrevoir un rapport affectif entre tel fidèle et tel dieu ! Le père Festugière en a laissé tout un recueil. Ainsi ce gamin entrant dans l'adolescence, qui voue à Hermès sa toupie et un jeu d'osselets « qu'il aimait à la folie ». Dans un autre genre, la jeune Aglaoniké : gentiment saoule ce soir-là, elle s'est donnée à un certain Nicagoras, et sa nuit fut à ce point réussie qu'elle consacre à Aphrodite telle pièce de lingerie que je m'abstiendrai de préciser. Ou cette hétaïre qui offre à Priape une peau de faon et une aiguière d'or, car elle a gagné un concours de beauté. Etc., etc. Ainsi, dit Festugière, « ce n'est pas de contrat qu'il faut parler quand on traite de la religion grecque populaire, de celle des petites gens, des *humiles*, mais de récipro-cité d'amitié[2] ». Cela même expliquerait les dif-

---

1. Aelius Aristide, *Discours sacrés*, éd. Festugière, Macula, 1986.

2. « *Anth'ôn* – La formule "En échange de quoi" dans la prière grecque hellénistique », *Revue philosophique*, 60, 1976, p. 389-418.

ficultés que rencontrera le christianisme dans les campagnes. Les paysans – les *pagani*, d'où vient *païens* – avaient leurs habitudes, et les convertis eux-mêmes peinaient à s'en défaire[1].

Cela étant, ce que nous entrevoyons de l'ambiance religieuse dans le monde romain nous aide à discerner ce qui, dans le christianisme, repoussait les païens, et aussi, comme dit Luc Ferry, ce qu'ils pouvaient y trouver de tentant[2].

*

« Gaius ? Un type bien. Dommage qu'il soit chrétien[3] ! » Voilà, dit Tertullien, ce qu'on entendait dire. Les sociétés ont toujours détesté qu'on ne soit pas « comme tout le monde ». D'où tant d'allusions méprisantes chez des gens aussi différents que Suétone, Tacite, Épictète, Trajan, Pline le Jeune, Marc Aurèle, Lucien… Tant d'invraisemblances aussi que le peuple prêtait aux chrétiens : l'âne crucifié, les orgies… Tant de crimes aussi, dont l'incendie de Rome en 64. Même Tacite proteste contre cette calomnie ! Et jusqu'aux dérèglements climatiques

---

1. P. Chuvin, *op. cit.,* p. 184.
2. L. Ferry, *Apprendre à vivre,* Plon, 2006, p. 73-74.
3. Tertullien, *Apol.,* III.1.

dont on les disait responsables : les crues du Tibre, les absences de crue du Nil, etc.[1].

Tout venait de ce qu'aux yeux des Romains ou assimilés, ces chrétiens, des gens comme tout le monde, osaient ne pas prier comme tout le monde. Non qu'on leur reprochât d'adorer leur Christus, encore qu'il parût insolite, et à bien des égards. Un Juif qui avait encouru sous Tibère la crucifixion, la peine des esclaves, n'était pas recommandable *a priori*. Et puis, ce que racontaient ses fidèles, qu'il était né d'une vierge, etc. À ceux qui ricanaient, Tertullien rétorquait : « Acceptez cette fable pour le moment : elle est semblable aux vôtres[2] ! » Et de même Justin : « Il a cela en commun avec votre Persée[3] ! » – qui était né, en effet, de Danaé. Certes, pensait le païen moyen, on en raconte, sur les dieux, qu'ils sont au ciel, etc. Mais ce n'est pas pour autant qu'on s'attend à les y apercevoir. On garde quand même les pieds sur terre. Alors, selon les chrétiens, dans les rues de Jérusalem, on tombait comme ça sur un dieu, en allant faire ses courses ? Un mage, c'était bien possible ; on en rencontrait. Mais un dieu et, de

---

1. Tertullien, *Apol.,* XL.2.
2. Tertullien, *Apol.,* XXI.4.
3. Justin, *I Apol.,* 22.

plus, qui mourra crucifié ? « Folie pour les
païens, *éthnesin dé môrian*[1] », reconnaît l'apôtre
Paul. Quant aux intellectuels, un Celse au
IIe siècle, un Porphyre au IIIe, ils objectaient que
l'incarnation même du *logos* contredisait sa
transcendance. Bref, enrage Tertullien : « On
nous prend pour des nuls (*uani*), pour des rigo-
los (*irridenti*)[2]. »

Pourtant, la vraie question n'était pas là.
L'inadmissible, c'était d'entendre ces chrétiens
soutenir qu'il n'y avait de dieu que Christus,
précipitant d'un coup tout le Panthéon dans le
néant. Tertullien, dans l'*Apologeticum*, ne s'en
gêne pas. Pareil sacrilège scandalisait fatalement
ceux qui de tradition attendaient tout de leurs
dieux, à commencer par la sécurité. Depuis toujours, les dieux veillaient sur la cité ! Sur une
cité qui peu à peu s'étendra jusques aux confins
du monde : « Rome, toi qui as fait une cité de ce
qui jadis était l'univers[3]… » dira au Ve siècle
Rutilius Namatianus le Gaulois. Ces chrétiens,
pour qui se prennent-ils ? Oser dire que nos
dieux n'existent pas ! Des sans-dieux, voilà ce
qu'ils sont, et comme tels, dangereux. « On

---

1. Paul, I Cor., I.23.
2. Tertullien, *Apol.,* IV.2.
3. Rutilius Namat., *De reditu suo,* 66.

nous traite d'athées ! » déplore Justin[1]. Une accusation lourde de conséquences : les chrétiens auront beau protester de leur civisme, payer leurs impôts, prier pour César, comme l'assurent tant de textes des Pères, rien n'y fera. Car en se refusant à accomplir – fût-ce sans y croire – les actes sacrificiels jugés indispensables depuis toujours à la grandeur de Rome, à sa sécurité, ces gens n'exposent-ils pas l'Empire à des mesures de rétorsion de la part des dieux, si tatillons sur ce point ? Ainsi, aux yeux de Celse, au IIe siècle, les chrétiens n'étaient ni plus ni moins que des déserteurs[2]. Cela même leur vaudrait, et durant trois siècles, de nombreuses persécutions. *A fortiori* s'ils se dérobaient à leur devoir quand un empereur, contraint de faire face à une situation difficile, en appelait au civisme religieux de tous et de chacun dans l'Empire.

Un exemple : sous Dèce, au IIIe siècle, une époque fort troublée, tant par l'instabilité chronique du pouvoir que par la menace croissante aux frontières. Comme tous les Illyriens, Dèce était plus romain que les Romains, et avec cela « traditionaliste », comme l'a souligné Jean-

---

1. Justin, *I Apol.,* 6.
2. Celse, *Disc. ver.,* VII.62 et s.

Louis Voisin. Soucieux de l'unité de l'empire en pareille situation, Dèce tiendra donc « à inscrire une action volontaire – *iussu imperatoris* – dans le cadre religieux que justifie le passé de Rome[1] ». Son édit de 250 exige de tous les citoyens de l'Empire un sacrifice aux dieux. Une attestation leur sera délivrée, dont un double ira aux archives. Un test de loyalisme, en somme. Plutôt réussi, d'ailleurs : Cyprien se morfond d'avoir vu autant de chrétiens arriver sur place les premiers, et repartir avec leur certificat[2]. Ce sont les fameux *lapsi*. Beaucoup de chrétiens y laisseront pourtant la vie, cette fois-là et bien d'autres.

S'il me fallait résumer ce qui dans la religion chrétienne scandalisait les païens, je dirais que c'était sa prétention à être la seule. Or, a bien vu Chuvin, « la notion d'une religion exclusive était étrangère aux païens[3] ». En revanche, ce qui déconcertait les païens, c'était que cette religion-là avait l'air d'impliquer l'être humain tout entier, corps, âme, esprit, et pas seulement le

---

1. J.-L. Voisin, « Monter au Capitole. Remarques à propos de l'édit de Dèce de 250 », *Romanité et cité chrétienne. Mélanges Y. Duval,* De Boccard, 2000, p. 205.

2. Cyprien, *De lapsis,* 7-8.

3. P. Chuvin, *op. cit.,* p. 182.

citoyen, comme c'était l'usage depuis toujours. Et dès lors que rien n'avait empêché jusque-là le christianisme de se faire une place dans tous les milieux, c'est dans cette direction-là qu'il nous faut regarder. Que pouvait bien avoir de tentant, encore une fois, la religion de Christus, pour des gens conditionnés par une si longue tradition ?

*

Ainsi, la civilisation romaine avait cantonné jusque-là le religieux dans la sphère du domestique, et surtout du politique, et avec une rigueur tout administrative. C'était la religion du « nous, les Romains », et de toute évidence elle primait les éventuels états d'âme du « moi, Marcus » ou « moi, Julia ». Ne serait-ce pas cela qui pouvait faire naître, chez des gens plus évolués, le sentiment d'un vide, d'un manque ? Disons : d'une carence spirituelle, sinon métaphysique ? Ce qui déjà expliquerait le thème récurrent de l'*epistrophé*, de la *conversio ad philosophiam*. En ces temps, la philosophie pouvait être un recours ou un secours. On la regardait comme un art de vivre, une sagesse que chaque école définissait à sa façon. Cer-

tains trouvaient là ce supplément d'âme que la
religion à la romaine ne procurait guère.
Voyez Marc Aurèle. Entre tout ce qu'il dit
devoir aux dieux, la première chose c'est – je
cite : « de ne m'être jamais laissé aller à un
manquement envers aucun, quoique, vu mon
caractère, j'aurais bien pu en venir là, l'occasion aidant[1]...». Il leur doit aussi d'être tombé
sur la bonne philosophie : le stoïcisme, où
précisément la divinité ne fait qu'un avec
l'idée de nature. On remarque qu'il a intitulé
« *tà eis eautón* », *les choses à lui*, ce carnet où
nous pouvons justement observer au jour le
jour cette symbiose stoïcienne de l'âme, du cosmos et des dieux. Cent ans plus tard, Plotin,
qui aura de la déité l'idée la plus haute qui soit,
ne sera pas pour autant très « pratiquant ». À
Amélios qui le convie à une cérémonie, il
répond : « C'est aux dieux de venir à moi, et pas
à moi d'aller à eux[2]. » Ironie de la providence :
c'est grâce à Plotin qu'un siècle plus tard, le
jeune Augustin verra son idée de Dieu, jusque-
là si confuse, se transfigurer[3].

---

1. Marc Aurèle, *Pensées,* I.17.
2. Porphyre, *Vita Plot.,* 10.
3. Augustin, *Vit. beat.,* 4 ; *C. Acad.,* II.2.5 ; *Conf.,*
VII.9.13.

Mais la philosophie n'intéressait qu'un petit nombre de lettrés. Et même parmi cette élite, il n'est pas dit que tous s'en contentaient. En effet, le conceptuel et l'affectif sont des visées différentes d'une même conscience, fût-ce dans la relation avec l'absolu. Et donc, chez certains, un manque affectif pouvait subsister sur un autre plan que celui de la systématisation du cosmos et du divin. Ainsi Justin l'Apologiste : il avait tâté de plusieurs écoles, et finalement s'était fait chrétien. Ce qui lui avait valu de mourir décapité sous Marc Aurèle, qui ne voyait pas pourquoi les chrétiens mouraient « par entêtement[1] ». Cela étant, peut-être serons-nous mieux à même de discerner ce que visait au juste l'intention qui animait ces consciences-là. Ces consciences que ne saturaient ni le ritualisme, ni les concepts. À quoi peut bien aspirer celui que hante le sentiment d'une absence, sinon à une présence ? Aussi, ce que nous avons vu des ex-voto du père Festugière pourrait nous mettre sur la voie de ce que cherchaient ces gens. « Un dieu sensible au cœur », dit Pascal ; « un absolu de dialogue », dit Duméry ; « la transcendance personnifiée », dit Luc Ferry.

---

1. *Pensées*, XI.3.

C'est qu'on ne parlait guère avec l'Olympe, pas plus qu'Aristote avec le premier moteur, ni que Plotin avec « l'au-delà de l'essence ». Pas facile d'aller confier ses angoisses et ses espérances à l'idée de nature, de s'épancher dans la cause première. Or, voilà qu'à croiser des chrétiens, à les regarder vivre – et mourir –, à s'entretenir avec eux à l'occasion, on pressentait comme une autre façon de voir, de se voir, de voir les autres, et d'entrevoir le divin. On ne change pas tout seul, un beau matin, de vision du monde : on pose des questions, on échange des points de vue, et parfois on en vient à partager des ferveurs. Car, même si les « premiers chrétiens » n'étaient pas tous des vierges et des martyrs façon *peplum*, reste qu'aux yeux des païens « en manque », quelque chose venait à faire envie. Il y avait chez ces chrétiens comme une présence, qu'ils étaient les seuls à éprouver. Une présence qui inspirait leur comportement global, et pas seulement religieux. Même entre eux, les rapports semblaient différents. Comme s'ils n'étaient jamais seuls. Comme si cette présence-là les accompagnait tous et chacun au long de leurs jours et, à les en croire, au-delà même de la mort et pour l'éternité. Certes, les cultes à mystères promettaient déjà l'immortalité, mais là, on sentait autre chose de plus intime ; une proximité inhabituelle pour un dieu. Bien sûr, comme tous les dieux, le dieu des chrétiens avait fait des miracles, ressuscité des morts, etc. Lui-même était mort et il avait regagné les cieux. Bref, aux yeux du païen ouvert, ce Christus avait ce qu'il fallait de merveilleux pour l'accréditer en tant que dieu : c'était classique. Mais il y avait autre chose. À entendre les chrétiens, Christus s'était assimilé aux humains comme aucun dieu jusque-là. Un de leurs textes disait : « Il a planté sa tente parmi nous, *eskéno-sen en emīn*[1]. » Ainsi, et c'était inconcevable, le dieu Christus s'était fait homme au point d'assumer la souffrance et la mort – et dans quelles conditions ! Et même si l'on ne comprenait pas très bien, on découvrait émerveillé que pour ce dieu-là, un être humain comptait. Et pas seulement en tant que citoyen ou ressortissant de Rome, mais en tant que Marcus, Julius ou Julia, bref, en tant que lui, elle – ou moi. La vie de chacun « recevait tout à coup, dit Paul Veyne, une signification éternelle à l'intérieur d'un plan cosmique[2] ». Même si on ne trouvait pas

---

1. Jean, I.14.
2. P. Veyne, *Quand notre monde est devenu chrétien,* Albin Michel, 2007, p. 37.

les mots pour le dire aussi bien, on sentait cela, au moins confusément. Et comme il en allait ainsi pour tous et pour chacun, l'idée d'une fraternité prenait forme, concrétisant l'abstraite *philanthropia* des sages. L'idée d'un dieu d'amour impliquait celle d'amour sans frontières. Restait, bien sûr, à passer de l'idéal à la pratique, et c'était à chacun de s'y engager. Car, avec le christianisme, la piété avait changé de nature. Ce n'était plus une affaire de rites à accomplir aux moments voulus ; on ne s'en tirait plus avec une victime, pas trop chère si possible, ou un rien d'encens sur des braises. C'était soi-même qu'il fallait sacrifier, comme Christus s'était sacrifié. Il fallait s'offrir au dieu, mais aussi aux autres, devenus autant de frères et de sœurs à aimer comme soi-même. Pas facile, mais bouleversant.

Cette valorisation inattendue de toute personne, et cette pensée inédite de l'amour, comme le dit Luc Ferry[1], tout cela, à quoi nul n'aurait jamais songé, avait de quoi fasciner. Certes, tous les chrétiens ne se comportaient pas de façon exemplaire : les Pères de l'Église ne se gênent pas pour le dire. Ainsi Eusèbe de Césa-

---

1. L. Ferry, *Apprendre à vivre,* p. 75.

rée évoquant l'ambiance des communautés à la fin du IIIe siècle : « Nous entassions, dit-il, fautes sur fautes[1]. » Le christianisme n'en avait pas moins grandi, bien que toujours marginal et toujours menacé.

Depuis le IIIe siècle, avec la crise que traversait l'Empire, les risques s'étaient alourdis. Neuf ans après le test de loyalisme de Dèce, une expédition contre les Perses, fort mal engagée par Valérien, avait tourné à la déconfiture. Capturé, l'empereur n'était jamais revenu. Cette campagne avait pourtant été précédée du même test de loyalisme, de la même persécution des chrétiens réfractaires. En plus de cette humiliation sans précédent, la menace des invasions s'aggravait. On se sentait de moins en moins sécurisé, au point de se demander ce que les dieux pouvaient bien faire. Du coup, ils perdaient de leur clientèle au profit des cultes exotiques – et du dieu Christus.

À la fin du siècle, Dioclétien avait repris les choses en main, mettant fin pour un temps à la dérive du régime par l'instauration de la tétrarchie, ainsi qu'au laisser-aller socio-économique. À l'instigation de Galère, il avait déchaîné au

---

1. Eusèbe, *Hist. eccles.,* VIII.1.7.

début du IVe siècle une persécution de plus, et cette fois générale. Le christianisme n'en continua pas moins de s'affirmer.

*

Une centaine d'années plus tôt, Tertullien écrivait : « Le sang des chrétiens est une semence[1]. » Et de même Justin : « Plus on nous persécute, plus s'accroît le nombre de ceux que le nom de Christ attire à la foi et à la religion[2]. » Sans doute ne faut-il rien exagérer. Paul Veyne estime qu'au moment où Constantin se convertit, on ne comptait guère plus de cinq à dix pour cent de chrétiens dans toute la population de l'Empire[3]. Robert Turcan pencherait pour un plus grand nombre, tout dépendant néanmoins des régions. Selon lui, « en tout état de cause, les chrétiens devaient se compter par millions vers les années 300[4] ».

Au cours de ces trois siècles, la religion nouvelle avait toujours été interdite de droit : « *non licet esse vos*[5] », rappelle Tertullien, et dans le

---

1. Tertullien, *Apol.*, L.13.
2. Justin, *C. Tryph.*, III.110.
3. P. Veyne, *Quand notre monde...*, p. 10.
4. R. Turcan, *Constantin*, p. 89.
5. Tertullien, *Apol.*, IV.4.

meilleur des cas, tolérée. Les deux sociétés, la païenne et la chrétienne, étaient perçues comme opposées *a priori*, et le plus grand nombre les voyait incompatibles. Avec le passage d'un empereur au christianisme, les choses allaient changer du tout au tout.

De la conversion de Constantin, on connaît de façon plus précise aujourd'hui les circonstances, grâce à *Constantin en son temps* de Robert Turcan et à *Quand notre monde est devenu chrétien* de Paul Veyne. Une conversion plus authentique qu'elle n'en a l'air. Enclin à la religion, Constantin l'était de nature, ne perdant toutefois jamais de vue ni le ciel ni la terre. En des temps où les visions n'étaient pas rares, si j'en crois biographes et panégyristes, le dieu Apollon lui était apparu dans un temple gaulois, lui promettant gloire et pouvoir. De même verra-t-il dans le ciel le fameux monogramme de Christus lui garantissant cette victoire décisive qu'il remporta sur Maxence au pont Milvius en 312. Encore quelques éliminations, et ce sera lui qui, enfin, réunifiera l'Empire, et qui en sera le seul maître après Dieu. Je dis bien : le seul. Chrétien, il l'était, mais il ne demandera le baptême qu'en fin de vie. Cela présentait à ses yeux un double avantage. Religieux d'abord : purifié *in extremis* de toutes ses fautes – y compris de quelques assassinats –, il irait au ciel tout droit, sans risquer les enfers. Constantin était un homme de foi. Politique ensuite, car c'était aussi un homme d'État : sur cette terre, il n'aurait aucun compte à rendre à l'Église. Des évêques, il se dirait le frère, pas le fils. Nuance ! Dans l'Église, Constantin voyait, dit Paul Veyne, « non une puissance sur laquelle appuyer son autorité, mais un corps sur lequel exercer cette autorité[1] ». Il s'en assurera la collaboration par subventions et faveurs. La chose en valait la peine, dans la mesure où christianiser l'Empire, c'était en renforcer l'unité. Il rassemblait ainsi le plus de monde possible, et il fondait cette unité sur la transcendance du seul Dieu. D'où ce qu'il en écrivait à un haut fonctionnaire : « La bonne marche des affaires publiques est proportionnelle à la qualité du culte rendu à Dieu[2]. » Du seul point de vue de la politique, on retrouvait donc, transposé sur le dieu Christus, le conformisme religieux de toujours : les cieux avaient simplement changé de propriétaire.

Il ne manquera pas de gens pour s'en tenir à cette façon de voir, oubliant que Christus avait

---

1. P. Veyne, *Quand notre monde...*, p. 153.
2. Eusèbe, *Hist. eccles.*, X.2.

dit que son royaume n'était pas de ce monde. Le passage de l'empereur au christianisme créait un appel d'air. On vit proliférer « les convertis de la dernière heure », dont je ne suis pas sûr que la motivation fût évangélique. Cet afflux n'élèvera évidemment pas le niveau spirituel d'une communauté jusque-là héroïque. Cent ans après, un sermon d'Augustin fait dire à un païen : « Alors, tu veux que je devienne comme Untel et Untel ? À quoi bon me persuader de me faire chrétien ? Un chrétien m'a volé ; moi, je ne lui ai rien pris. Un chrétien m'a fait un faux serment ; moi, jamais[1] ! » Jérôme n'est pas plus optimiste : « Avec les empereurs chrétiens, les richesses de l'Église ont augmenté, mais ses vertus ont diminué[2]. » C'est qu'entre-temps, le christianisme est devenu religion d'État. Peu à peu, il va se mettre dans les meubles des dieux morts : les *robigalia* deviendront les Rogations ; le *dies natalis solis invicti*, ce sera Noël. Quant à la religion de proximité, les saints et les saintes y pourvoiront.

Quand, en août 410, Rome fut pillée par Alaric, un Wisigoth chrétien, païens et chré-

---

1. Augustin, *Serm.*, XV.6.6.
2. Jérôme, *Malc.*, I (P.L.23.55 C) ; *Epist.*, 135.

tiens auront le même réflexe : les uns verront là
les représailles des dieux frustrés, et ils se com-
plairont dans le « Qu'est-ce que je vous avais
dit ? ». Les autres s'interrogeront sur l'effi-
cacité des tombeaux de Pierre et de Paul. Augustin aura grand-peine à convaincre ses
diocésains : « J'entends dire autour de moi :
"Si encore il ne parlait pas de Rome ! Si seulement il ne prêchait pas là-dessus[1] !" » Voilà
qui en dit long sur le conservatisme des mentalités. C'est pourtant ce désastre de 410 qui
va donner à Augustin l'occasion d'élever le
débat. Il montrera que pour le chrétien, appar-
tenir à la citoyenneté divine, à la *civitas* qui trans-
cende toutes les citoyennetés humaines, est
une question d'amour. Un thème qui faisait
corps avec celui de la liberté, et qu'il avait en
tête depuis plus de vingt-cinq ans, comme en
témoignent tant de ses traités. En parfait rhé-
teur qu'il est resté, il le schématise dans la formule tant de fois citée : « Deux amours ont fait
deux cités : l'amour de soi jusqu'au mépris de
Dieu a fait la cité terrestre ; l'amour de Dieu
jusqu'au mépris de soi a fait la cité céleste[2]. »
Tout est là, et c'est pourquoi il faut se garder

---

1. Augustin, *Serm.*, CV.9.
2. Augustin, *Civ. Dei*, XIV, 28.

d'en rien réduire, comme nous en prévient Luc Ferry[1].

C'est en tout cas la formule qu'il me fallait pour clore ces quelques suggestions.

---

1. L. Ferry, *Qu'est-ce qu'une vie réussie ?*, p. 347-348.

Pourquoi la victoire du christianisme
sur la philosophie grecque ?

(Luc Ferry)

C'est un très grand plaisir pour moi d'intervenir après l'exposé extraordinairement riche de Lucien Jerphagnon, qui a répondu à la question « pourquoi le christianisme ? » en partant, si je puis dire, des « points forts et des points faibles » de la pensée romaine. Je souhaiterais, pour ma part, l'aborder à partir d'un autre point de vue, dont j'espère qu'il vous paraîtra à la fois complémentaire et convergent : celui des « points forts et des points faibles » de la philosophie grecque. L'idée qui me fournit un fil conducteur est la suivante : la philosophie a toujours été, du moins dans ses plus grands moments, sécularisation d'une religion ; elle est toujours partie d'une représentation religieuse du monde et des rapports entre les hommes et les dieux ; et elle a essentiellement travaillé à séculariser, à laïciser le message religieux. Lorsqu'on regarde ce qu'on a appelé le « miracle grec », c'est-à-dire la naissance de la philosophie en Grèce, quelque part au VIe siècle avant J.-C, ce miracle n'a en vérité rien de miraculeux : il est la version laïque ou rationaliste de la mythologie grecque. C'était là d'ailleurs une thèse que le regretté Jean-Pierre Vernant avait commencé à explorer. Je ne fais au fond que poursuivre dans la voie qu'il avait ouverte.

Qu'est-ce que la mythologie grecque nous enseignait quant à la question du salut ? Elle enseignait quelque chose que l'on trouve dans les deux grands textes fondateurs de la tradition mythologique que sont la *Théogonie* d'Hésiode et l'*Odyssée* d'Homère, quelque chose qui se résume à deux « leçons » que la tradition stoïcienne ne fera, pour l'essentiel, que reprendre sous une forme rationnelle, laïcisée. Je voudrais y insister un instant, parce que la naissance du christianisme ne se comprend vraiment à mes yeux que sur fond de ces deux enseignements qu'elle va prendre radicalement à contre-pied, avec lesquels elle va rompre de manière, pourrait-on dire, révolutionnaire. Il est donc indispensable d'avoir cet arrière-fond à l'esprit pour bien mesurer ce que l'on pourrait nommer la « révolution chrétienne ».

Les deux leçons de la mythologie
que la philosophie va reprendre
sous forme sécularisée et avec lesquelles
le christianisme va rompre radicalement

Le premier message de la mythologie, c'est que le monde n'est pas un chaos, mais un ordre, un cosmos, c'est-à-dire un monde organisé, harmonieux, juste, beau et bon. Dans la *Théogonie* d'Hésiode, qui raconte la naissance des dieux et du monde (c'est un tout dans la perspective mythologique) la première entité divine est le Chaos. Viennent ensuite, comme vous savez, Gaïa, la terre, et Ouranos, le ciel. Tous deux fabriquent des enfants terribles, les Titans, les Cyclopes et les Cent-Bras ou Hécatonchires. Ce sont des dieux encore chaotiques, peu intéressés par l'ordre et l'harmonie. Ils sont puissants, violents et immortels. Ce sont des êtres de conflit et de guerre, le contraire, donc, de ce qu'il faut comme qualité pour fabriquer un ordre cosmique paisible et harmonieux.

Le petit dernier des Titans, Cronos, va parvenir, avec l'aide de Gaïa, sa mère, à faire sortir ses frères et sœur du ventre de la terre où Ouranos veut absolument les maintenir parce qu'il a peur qu'ils prennent sa place. À la demande de Gaïa, qui lui a donné une petite serpe, Cronos coupe le sexe de son père, ce qui va engendrer la naissance de l'espace et du temps : de l'espace parce qu'Ouranos, sous l'effet de la douleur, s'arrache de Gaïa qu'il couvrait comme une seconde peau et se retrouve « vers le haut », là où est le ciel tel que nous le connaissons aujourd'hui ; du temps, parce que les enfants de Gaïa et Ouranos, ces fameux Titans, mais aussi les Cyclopes et les Cent-Bras, vont enfin pouvoir sortir du ventre de leur mère de sorte que les générations vont commencer à se succéder, créant ainsi l'histoire, la vie, le mouvement… Cronos aura à son tour des enfants : ce seront les Olympiens, la troisième génération des dieux. C'est le petit dernier, Zeus, qui, à nouveau, va se révolter contre son père, Cronos. C'est le début de la guerre des dieux entre les Olympiens et les Titans, c'est-à-dire entre les dieux de la deuxième génération, chaotiques et conflictuels, et ceux de la troisième, qui visent au contraire la paix et l'harmonie, c'est-à-dire la construction d'un bel ordre cosmique.

Lorsque Zeus gagne la guerre contre les Titans, il les fait enfermer dans les sous-sols, dans le Tartare infernal. Poséidon, qui deviendra le dieu de la mer, a fabriqué de grandes portes en bronze et les Hécatonchires vont les garder une fois qu'ils auront été neutralisés et recouverts de gigantesques montagnes. C'est à ce moment-là qu'il se passe quelque chose de décisif, que toute la tradition de la philosophie cosmologique – celle qui va de Parménide aux stoïciens en passant par Platon et Aristote – va reprendre en le sécularisant. Je rappelle – il y a toujours des cuistres pour faire l'objection si je ne fais pas ce rappel – qu'il y a évidemment deux traditions opposées dans la philosophie grecque : celle des sagesses cosmologiques, que je viens d'évoquer, mais aussi celle qu'on pourrait dire déjà « déconstructrice », « contre-culturelle » si l'on veut, et qui va des atomistes aux sophistes en passant par Épicure.

Mais revenons à notre construction du cosmos. Pour bien comprendre la scène, il faut rappeler que ce n'est pas seulement par la force que Zeus a gagné cette guerre, mais grâce à la ruse et à la justice, que symbolisent dans cette histoire ses deux premières femmes : Métis (la ruse, l'intelligence) et Thémis (la justice). D'abord,

Zeus a eu l'intelligence de libérer les Cyclopes et les Cent-Bras, que Cronos avait fait enfermer dans le Tartare, par peur, à nouveau, qu'ils lui prennent sa place. Dégoulinants de reconnaissance, ils vont devenir des alliés précieux dans la guerre. Ce sont notamment les Cyclopes qui vont offrir à Zeus ses armes favorites : la foudre, l'éclair et le tonnerre. Mais surtout, Zeus va promettre à ceux qui l'aideront dans ce combat de les traiter selon Thémis, c'est-à-dire avec justice. Voilà pourquoi, une fois la guerre gagnée, il procède à ce que les Allemands appelleront plus tard un jugement : un *Urteil*, c'est-à-dire, étymologiquement, un « partage originaire ». À Poséidon, Zeus va confier la mer ; à Hadès les sous-sols, à Gaïa la terre, à Ouranos le ciel, etc. Chaque divinité va recevoir sa juste part. Ce sera d'ailleurs la formule du droit romain : *suum cuique tribuere*, il faut rendre à chacun le sien, ce qui lui revient. Chaque divinité devra recevoir les cultes qui lui reviennent, mais aussi sa part du monde. Comme dans un gouvernement, chaque dieu aura ses fonctions à remplir, son département ministériel à lui.

Et c'est ainsi, grâce à ce partage juste et bon, désormais garanti à jamais par la puissance et la sagesse de Zeus, que le monde va devenir un cosmos, c'est-à-dire un ordre harmonieux, beau, juste et bon, qui sera du même coup un modèle de conduite pour les humains. Car il ne s'agit pas simplement d'une nature brute et dénuée de sens, comme elle l'est pour nous, modernes, depuis Newton, mais d'un modèle d'harmonie, de justice et de justesse, un modèle de beauté, bref quelque chose qui est divin, *theion*. Pourquoi divin ? Tout simplement, parce qu'il y a, dans cet ordre du monde, quelque chose qui dépasse les humains : ils le découvrent, ils ne l'inventent pas. Voilà aussi pourquoi le plus grand péché qui se puisse concevoir est l'*hybris*, la démesure arrogante de ceux qui ne restent pas à leur place et défient les dieux, menaçant ainsi de détruire ou d'abîmer le bel ordre cosmique si difficilement édifié par Zeus dans la guerre contre les Titans. Voilà également pourquoi ce dernier aura besoin de lieutenants, de représentants de l'ordre sur terre, pour combattre les fauteurs de trouble : ce sera la tâche des Héros, Héraclès en tête, qui deviendra pour cette raison le dieu tutélaire des stoïciens, mais aussi de Persée, de Jason ou de Thésée, tous capables de punir l'*hybris* dès qu'elle pointe son nez dans le cosmos...

Tel est le premier grand message de la

mythologie que la philosophie n'aura plus qu'à s'approprier et à reformuler en termes laïques, rationnels – ce que feront notamment les stoïciens, sous l'effet, très certainement, de la naissance d'un espace démocratique qui pousse bien entendu à l'argumentation rationnelle et suppose ainsi que l'on dépasse le point de vue du mythe. Pour cela, la philosophie devra parler non plus de Gaïa, mais de la terre, non plus d'Ouranos, mais du ciel, etc. De même Hadès deviendra le sous-sol, Poséidon deviendra l'eau. Cicéron avait fort bien décrit l'opération, d'ailleurs, dans plusieurs ouvrages consacrés aux dieux : il suffit parfois de transformer les dieux en éléments pour passer de la mythologie à la philosophie. Bien entendu, mythos et logos ne relèvent pas du même registre, mais il y a plus de continuité entre eux qu'on ne le croit d'ordinaire...

Le deuxième message de la mythologie que la philosophie grecque aura à séculariser, c'est Homère qui nous le livre dans un passage célèbre de l'*Odyssée*. Chacun se souvient qu'Ulysse a fait gagner la guerre de Troie, grâce au fameux cheval qu'il parvient à introduire par ruse dans la cité. La guerre a duré dix ans pendant lesquels

Ulysse a bataillé avec ses amis grecs ; plus ou moins amis d'ailleurs, car il ne les aime pas toujours beaucoup, Agamemnon en particulier. Ulysse aspire donc à rentrer chez lui après cette longue guerre. Mais ce sera très difficile. D'abord parce que les Grecs ont tellement dévasté la ville de Troie que les dieux leur en veulent – ils leur reprochent leur *hybris* dans la victoire : le massacre des Troyens est excessif. Mais aussi, plus spécifiquement, Poséidon en veut à Ulysse personnellement pour avoir planté un mauvais bout de bois dans l'œil du Cyclope, Polyphème, qui se trouve être un de ses nombreux fils. Ulysse a commis l'imprudence de crier son vrai nom après avoir quitté l'île des Cyclopes et Polyphème va demander vengeance à son père. Ulysse aura donc beaucoup de mal à rentrer chez lui.

Ce voyage est plein de sens : comme la *Théogonie* d'Hésiode, il va du chaos, en l'occurrence d'*Eris,* le conflit, la guerre (qui naît du fameux épisode de la pomme de Discorde), au cosmos, à la paix juste que symbolise le retour à Ithaque. Et parmi les nombreuses épreuves qu'il va devoir affronter – et qui toutes possèdent un sens philosophique, notamment celles qui touchent au thème de l'oubli, car elles mettent en cause le sens même du voyage –, il en est une qui pourrait sembler particulièrement agréable : elle se nomme Calypso. Calypso est une divinité secondaire, mais une divinité quand même. C'est une nymphe d'une beauté sublime, et elle tombe follement amoureuse d'Ulysse. Elle passe son temps à faire l'amour avec lui ; l'île est également sublimissime, riante, verte, pleine de moutons bien gras et d'autres petites nymphettes qui servent des repas merveilleux et s'attachent à rendre la vie des amants délicieuse. Tout cela n'a pas l'air franchement désagréable, mais pourtant le pauvre Ulysse n'a qu'une idée en tête : retourner chez lui et retrouver son fils Télémaque, sa femme Pénélope et sa ville Ithaque. Chaque soir, malgré tous les bienfaits de Calypso, il s'assied sur un rocher et il pleure, le regard perdu vers les siens…

Que fait Calypso pour le garder ? En grec, le nom de Calypso vient du verbe cacher (*kalúptein*) : et de fait, elle « cache » Ulysse sur son île et elle ne veut pas le lâcher. Mais au bout d'un certain temps, pour des raisons dans lesquelles je n'entre pas ici, Zeus, à la demande de sa fille Athéna, fait donner l'ordre à Calypso, via Hermès, son messager, de laisser Ulysse reprendre le cours de son voyage. Que fait-elle alors ? Pour tenter de le garder à ses côtés, elle lui promet quelque chose qui demande singulièrement réflexion, un présent inouï, qu'aucun mortel n'a jamais reçu : elle lui promet l'immortalité et la jeunesse éternelle s'il reste avec elle. Pourquoi la jeunesse éternelle ? Parce qu'il y a un précédent fâcheux dans la mythologie. Une fille de Titan, Aurore, était elle aussi tombée amoureuse d'un jeune mortel, un certain Tithon. Craignant de ne pas pouvoir assez profiter de cet amour, elle avait donné l'immortalité à son amant. Mais, pas de chance, elle avait oublié le complément indispensable : la jeunesse éternelle ! De sorte que le malheureux Tithon finit par se dessécher et se recroqueviller atrocement dans un coin du palais où il devient radicalement hors d'usage. Il sera transformé en cigale...

Calypso, elle, ne commet pas cette erreur. Elle propose la formule complète. Et pourtant Ulysse refuse son offre... La signification de ce refus est abyssale : il révèle au fond que le sens de l'existence humaine n'est pas, ne doit pas être la quête de la vie éternelle. C'est, si vous voulez, par avance un message antichrétien et c'est pourquoi, bien sûr, je prends le temps de vous en parler ici car il faut bien mesurer avec quelle doctrine du salut le christianisme va rompre. Aux yeux d'Ulysse, le but de l'existence ne réside pas dans le salut au sens d'une conquête à tout prix de l'immortalité. Il est ailleurs, dans la quête de l'harmonie, dans la mise en accord de soi avec l'ordre cosmique garanti par Zeus : tel est du reste le but ultime de tout le voyage d'Ulysse.

Je vais y revenir dans un instant, mais je ne résiste pas au plaisir, toujours intact pour moi, de raconter pourquoi Athéna est intervenue en faveur d'Ulysse – car cette anecdote, par ailleurs amusante en elle-même, permet de comprendre aussi en quel sens tout le voyage du héros va, comme la construction du monde dans la *Théogonie* d'Hésiode, du chaos au cosmos, du conflit à l'harmonie. C'est la fameuse histoire de la pomme de Discorde (*Eris*) à laquelle je faisais allusion tout à l'heure. La scène se passe au mariage de Thétis et de Pélée, les futurs parents d'Achille. Zeus lui-même a organisé la fête, mais il a « oublié » d'inviter Eris, la déesse de la discorde. Vexée, elle décide de se venger. Elle s'invite elle-même et jette sur la table du banquet une pomme d'or où figure, bien lisible, une inscription : « À la plus belle ! » Toutes les femmes présentes s'écrient d'une seule voix : « C'est donc pour moi ! », et la dispute s'installe... Trois femmes sublimes vont rester en lice : Héra l'épouse de Zeus, c'est-à-dire l'impératrice, Athéna sa fille préférée, déesse de la guerre et des arts, et Aphrodite sa tante, déesse de la beauté et de l'amour. Zeus est sommé de prendre parti, de trancher. Père de famille avisé, il sait bien que s'il choisit entre sa femme, sa fille et sa tante, il va y laisser des plumes...

Courageux mais pas téméraire, il court chercher un adolescent assez naïf pour prendre sa place. C'est un jeune berger innocent qui s'y colle. Mais il se trouve qu'en vérité, il s'agit de Pâris, un prince troyen, fils de Priam et petit frère d'Hector. Chacune des femmes va lui promettre, s'il lui donne la pomme, ce qu'elle a en magasin : Héra lui offre un empire, Athéna la victoire dans toutes les batailles, Aphrodite la possibilité de séduire la femme la plus belle du monde. Bien entendu, Pâris choisit Aphrodite, et c'est ainsi qu'il parviendra à séduire la belle Hélène, la femme de Ménélas, hélas roi de Sparte et frère d'Agamemnon. C'est donc parce qu'un prince troyen enlève une reine grecque que la guerre va éclater et on comprend qu'Athéna, jalouse de ne pas avoir été retenue par Pâris, ait été, dans ce conflit, la plus fervente alliée des Grecs. Et c'est aussi pour cette raison qu'elle demandera à son père d'ordonner à Calypso de laisser partir Ulysse…

Mais revenons au sens de son refus : il signifie qu'à ses yeux, *une vie de mortel réussie est préférable à une vie d'immortel ratée.* Et qu'est-ce qu'une vie de mortel réussie ? C'est une vie qui accepte d'abord et avant tout la finitude, la mortalité comme telle, mais qui cherche néanmoins à parvenir à une existence réussie en visant l'harmonie avec le cosmos – c'est tout le sens du voyage –, une vie dans laquelle on a trouvé sa place ou, pour parler comme Aristote, une existence dans laquelle on parvient à rejoindre son « lieu naturel ». Et, pour Ulysse, ce lieu naturel dans l'ordre cosmique est dans sa ville, à Ithaque, avec son fils et sa femme. En quoi, paradoxe suprême d'une littérature tout imprégnée des dieux, la mythologie dessine une sagesse laïque, une sagesse non religieuse, une spiritualité qui reste à destination de mortels qui ne doivent pas attendre leur salut des dieux. À l'inverse, une vie ratée pour Ulysse, consiste à pleurer sur son rocher en compagnie d'une nymphe, qui est certes beaucoup plus belle que sa femme, mais avec laquelle il n'est pas à sa place. Une vie ratée, pour lui, c'est une vie d'immortel délocalisée.

Voilà les deux grands messages que la philosophie grecque va s'approprier : le monde est un cosmos et l'homme doit accepter la mort pour occuper la place qui lui revient. Le stoïcisme ne dira pas autre chose. Il y aurait beaucoup à ajouter encore à propos de ce message : il faudrait expliquer pourquoi la vie en harmonie avec l'ordre cosmique permet de surmonter la peur de la mort, comment elle permet aussi de vivre enfin au présent, de pratiquer ce que Nietzsche appellera l'« *amor fati* » à l'écart de ces deux maux que sont aux yeux des Grecs le passé et le futur… J'ai déjà expliqué tout cela ailleurs et il est temps d'en venir à ce qui nous préoccupe : comment et pourquoi le christianisme va-t-il rompre, et rompre même tout à fait radicalement avec ce message philosophique pourtant lucide et puissant. Pour bien le comprendre, il faut préciser que cette rupture va porter sur trois points fondamentaux, qui forment l'essentiel de la philosophie grecque héritée des grands mythes : la théorie, la morale et la doctrine du salut ou de la sagesse. Expliquons encore ce point avant d'exposer ces trois ruptures fondamentales instaurées par le christianisme.

Les trois questions directrices
de la philosophie

La philosophie grecque, et le stoïcisme en particulier, ne va pas hériter seulement de l'idée que le monde est un cosmos et qu'une vie bonne est une vie en harmonie avec lui. Elle va s'organiser autour de trois grandes interrogations. Et pour le dire nettement, je pense que la philosophie, que toute philosophie sans aucune exception jusqu'à Nietzsche et Heidegger compris, restera au fil des siècles structurée par ces trois interrogations, fût-ce pour les déconstruire.

Première interrogation : à quoi ressemble le monde comme terrain de jeu de l'existence humaine ? Est-ce qu'il est favorable ? Est-ce qu'il est hostile ? Est-ce qu'il est compréhensible ou non ? Est-ce qu'il est beau ou laid, contingent ou nécessaire ? Ces questions ne sont pas des questions scientifiques, ce sont des questions philosophiques. Pour y répondre, on utilise certes les sciences : l'astronomie, la physique, la biologie, les mathématiques… On les convoque, si je puis dire. Et tous les grands philosophes seront, à quelques exceptions près, d'assez bons savants. Mais il ne s'agit pas de questions scientifiques ; il s'agit de se faire une image du monde comme terrain de jeu de l'existence humaine, comme lieu où il va en aller du sens de la vie.

Deuxième grande interrogation : quelles sont les règles du jeu ? Cela s'appelle l'éthique ou la morale.

Troisième interrogation : quel est le but du jeu ? À quoi jouons-nous ? Qu'est-ce qu'on fait là ? Peut-être d'ailleurs n'y a-t-il pas de but, de sens de la vie... Peut-être tout cela n'est-il, en effet, qu'un jeu. C'est ce que penseront des philosophes comme Spinoza, Nietzsche ou Schopenhauer. Mais la question est posée et elle ne peut pas être éludée.

Analyse du terrain de jeu, cela s'appelle *theoria* ; des règles du jeu, c'est l'éthique ou la morale – peu importe, je ne ferai pas de différence entre les deux termes : l'un est grec, l'autre latin, voilà tout ; le but du jeu, c'est la troisième question : celle de la sagesse ou du salut. Et je vous dirai pourquoi, dans un instant, la sagesse n'est à mes yeux rien d'autre que la condition du salut, c'est-à-dire, au sens étymologique, de « ce qui nous sauve ». Ce qui nous sauve de quoi ? Probablement de la peur de la mort....

Au demeurant, ce n'est pas pour rien que la mythologie grecque divise le monde d'abord et avant tout entre mortels et immortels. Cela signifie bien que la question de la mort, la question de la finitude, est au cœur de la mythologie. La caractéristique la plus immédiate des humains est la mortalité et la question primordiale consiste à définir ce que peut être une vie bonne pour des mortels : compte tenu du fait que nous allons mourir, qu'est-ce qu'on peut faire de bon ici ? Eh bien justement, on peut trouver son lieu naturel, comme Ulysse tente de le faire. Et cela n'a rien de facile. C'est tout le sens du voyage d'Ulysse qui montre, au fond, que la sagesse, ce n'est pas donné…

La réponse stoïcienne

La philosophie antique, du moins celle qui est, comme le stoïcisme, héritée de la grande cosmologie grecque, va, pour une large part, reprendre cette idée, mais dans un registre différent, celui de la raison. C'est en étudiant d'un peu plus près la philosophie des stoïciens que nous pourrons comprendre la naissance et le succès du christianisme – et cela, je crois, se place tout à fait dans la perspective ouverte par Lucien Jerphagnon, mais je ne veux pas l'engager pour autant dans ce que je vais dire...

LUCIEN JERPHAGNON

Allez-y ; allez-y.

LUC FERRY

Alors tant mieux, merci, je me sentirai encore plus à l'aise.

C'est en effet en raison des manques de la philosophie grecque, en tout cas, en grande partie à proportion de ses lacunes dans la réponse à la question du salut que la pensée chrétienne va l'emporter, parce qu'elle va justement tenter de combler ces vides.

Mais voyons d'abord comment le stoïcisme s'est emparé des deux grands thèmes de la mythologie grecque que je viens de vous exposer.

D'abord, il part de ce qui est l'aboutissement de la *Théogonie* d'Hésiode, à savoir le fait que le monde est bel et bien un cosmos. Quand vous lisez les grands textes stoïciens – la métaphore n'est pas de moi, on la trouve partout, notamment chez Cicéron qui nous aide beaucoup à comprendre cette philosophie stoïcienne –, le monde ressemble à un organisme vivant. C'est ce qu'on a aussi appelé parfois l'« hylozoïsme » : la matière (*hylé*), le monde tout entier est comme un gros animal. Il est animé, il y a une âme du monde – et c'est aussi ce qu'on appelle l'animisme. Et ce qui caractérise un animal, c'est qu'il est comme un « système » biologique. Quand un physiologiste ouvre le ventre d'un lapin ou d'une souris, que voit-il ? Il voit deux choses. D'abord que les organes (les poumons, les yeux, le cœur…) pris isolément sont mieux faits que toutes les machines humaines, que tous les artéfacts : il n'y a rien de mieux fait qu'un œil pour voir, que les poumons pour aérer les muscles, que le cœur pour les irriguer, etc. Et il remarque encore une deuxième chose : chaque organe est merveilleusement bien disposé par rapport aux autres, au point que le tout forme un *systema*, quelque chose qui tient ensemble de manière harmonieuse, de manière organisée et cohérente. Voilà exactement ce que les Grecs appellent *cosmos* : un ordre organisé, harmonieux, juste, beau et bon. Le terme a d'ailleurs donné en français le mot cosmétique, l'art de cacher par le maquillage ce qui est dys-harmonieux dans un visage pour mettre en valeur ce qui est beau, bien proportionné.

Les stoïciens vont dès lors établir une équivalence cruciale entre trois concepts fondamentaux : *cosmos, theion, logos* – que je ne vous donne pas en grec par cuistrerie, mais parce qu'on ne comprendrait pas autrement ce que le christianisme va opérer par la suite dans les Évangiles dont vous savez bien sûr qu'ils sont écrits en grec et qu'ils vont détourner ce vocabulaire de manière, à proprement parler, révolutionnaire.

Pourquoi le cosmos est-il divin (*theion*) ? Pour aller à l'essentiel, parce que cet ordre du monde, magnifique, harmonieux et juste, ce n'est pas nous, petits humains, qui l'avons inventé. Il est supérieur et extérieur à l'humanité. Il est transcendant par rapport à elle, même si cette transcendance ne ressemble en aucun cas à la transcendance chrétienne. Car c'est ici le monde lui-même qui est transcendant et pas je ne sais quel créateur, en ce sens que ce monde, nous ne l'avons pas créé et qu'il nous dépasse de toute part. Nous découvrons quelque chose de merveilleux qui est l'univers ordonné dans lequel nous sommes plongés.

Donc, *cosmos* = *theion* et, à présent, le cosmos est aussi *logos* : pourquoi ? Parce que ce monde est, pour ainsi dire, « logique », rationnel. Il est compréhensible par la raison humaine, accessible à l'intelligence des petits humains que nous sommes, puisqu'il est parfaitement organisé. L'ordre cosmique est donc tout à la fois divin et rationnel. Il est accessible à ce que les stoïciens vont appeler la *theoria*. L'une des étymologies du mot, qui n'est d'ailleurs pas forcément la plus mauvaise, est *theron oráo* : je vois le divin. En tout cas, même fausse, on la trouve déjà dans l'Antiquité. Le but de la théorie, c'est d'avoir une vision, une contemplation de l'ordre cosmique divin. Pourquoi la *theoria* est-elle si importante ? Parce qu'elle nous permet de passer de la première question, celle de la connaissance du monde, à la deuxième, celle de l'éthique. Comment s'opère le passage ? Assez logiquement : le bien, la justice ne sont rien d'autre, pour les stoïciens, que la justesse : être juste, c'est être à sa place, c'est être *ajusté* à l'ordre du monde que la *theoria* vient de dévoiler.

D'où l'importance de la *theoria*. La *theoria* nous sert à trouver notre juste place dans l'ordre du monde, notre lieu naturel, comme le brave

Ulysse qui rentre à Ithaque dans les bras de Pénélope. Là, il est à sa juste place : la justice réside dans le fait d'être ajointé au cosmos. Pour les Grecs, Lucien Jerphagnon le rappelait tout à l'heure, la philosophie n'était pas seulement un art du discours comme nous la pratiquons cet après-midi, mais un art de vivre : et dans les écoles grecques (Pierre Hadot a écrit de fort beaux textes sur ce sujet), on pratiquait des exercices de sagesse. Par exemple Zénon, fondateur de l'école stoïcienne ou son maître, Cratès, un des derniers grands cyniques, demandaient aux disciples de tirer au bout d'une ficelle un poisson mort sur la place du marché à Athènes. Le but de l'exercice était que les petits élèves, dont on se moquait, apprennent à être indifférents au « qu'en-dira-t-on ». Il fallait que les disciples se détournent du bruit insipide des « bourgeois », des conventions artificielles, de cette fausse bienséance que prétendent apporter les « convenances », pour diriger le regard, dans une espèce de conversion, vers ce qui compte : l'ordre du monde. On dit aussi que Cratès vivait dans une grotte infâme et quand il faisait l'amour avec sa femme, il levait le rideau afin d'être exposé aux regards de tous. Et lorsqu'on le lui reprochait, il envoyait balader les mauvais coucheurs et répondait en substance que ce qu'il faisait était naturel, c'est-à-dire en harmonie avec le cosmos. La vie juste, c'est la vie en harmonie avec la nature, au sens de l'ordre cosmique.

Et là encore, ce sera pendant des siècles et des siècles la formule du droit romain : rendre à chacun le sien, mettre chacun à sa place et lui donner sa part. C'est encore dans cette perspective qu'il faut comprendre, au Moyen Âge, ces fameux procès d'animaux dont j'ai parlé dans *Le Nouvel Ordre écologique*. Quand un cochon avait mangé la main d'un enfant ou l'avait tué, on l'exécutait comme un humain. Le but du jugement était de remettre de l'ordre, non pas de l'ordre public, mais de l'ordre cosmique.

Nous avons vu que le but de la *theoria* était de contempler l'ordre du monde afin d'y trouver sa place et que l'éthique, pour l'essentiel, consiste dans cet ajustement. Reste encore une question plus haute : à quoi ce dernier sert-il ? Réponse : à préparer la solution de l'interrogation ultime, celle qui porte sur la sagesse et le salut, et qui fournit ainsi le sens de la vie humaine. Il faut encore en dire un mot car c'est à ces trois niveaux que la rupture chrétienne va opérer.

Se sauver de la peur de la mort :
trois approches possibles...

Pour les Grecs, il y a au fond trois façons de s'affronter à la mort.

La première consiste simplement à avoir des enfants, une « descendance » qui fait en quelque sorte persister de nous quelque chose après notre propre disparition. Mais, sans entrer dans les détails, on voit assez vite que c'est insuffisant, car cela ne vous empêche pas d'avoir peur de la mort, à commencer par celle de nos enfants. Voyez par exemple Thétis, la mère d'Achille, qui fait tout pour le rendre immortel en le plongeant dans l'eau magique du Styx. Malheureusement, elle le tient par le talon, qui restera vulnérable, et lorsqu'elle apprend la mort de son fils, elle a beau être une divinité, elle pleure toutes les larmes de son corps comme toutes les mères du monde. Certes, à travers la ressemblance des enfants avec leurs parents, on voit bien qu'il y a quelque chose qui reste, mais cela ne vous sauve pas.

Deuxième approche : l'héroïsme guerrier, dont le prototype nous est justement fourni par Achille. Le but de l'héroïsme est la gloire, qu'il ne faut cependant pas confondre avec ce que nous appelons aujourd'hui la « notoriété médiatique ». L'idée, ici, c'est que les humains sont en compétition avec la nature qui est éternelle, comme en témoigne d'ailleurs sur un plan empirique l'existence des cycles : les jours, les saisons, le beau temps qui revient après la pluie... Le cycle, pour les Grecs, est la figure de l'infini. La nature, vous ne pouvez jamais l'oublier, vous ne pouvez pas, par exemple, oublier que le jour viendra après la nuit, en quoi elle se rappelle toujours à notre bon souvenir. Au contraire, s'agissant des humains, tout ce que nous faisons ou disons, est voué à disparaître. Tout en nous est périssable, mortel. Le seul moyen de sortir de cet éphémère humain, de cette mortalité, c'est de devenir l'objet d'un roman historique. L'écriture est pérenne ; elle sauve de l'éphémère. La gloire nous offre une espèce de salut par l'écriture. Comme le dit Arendt dans *La Crise de la culture*, l'idéal du héros grec, c'est de devenir l'objet d'un livre. Mais là encore, pour belle qu'elle puisse paraître, cette solution est limitée : le fait d'être préservé dans un livre n'a jamais empêché personne de mourir. *Vanitas vanitatis...*

La troisième façon d'affronter la question de la mort, c'est évidemment la philosophie. Seul le sage va triompher de la mort, autant que faire se peut. Comme le dit Aristote, à la fin de l'*Éthique à Nicomaque*, il faut se rendre immortel autant qu'il est possible. Eh bien le sage va réaliser cet idéal en comprenant que, lorsqu'il s'est ajusté, ajointé à l'ordre cosmique, lorsqu'il a retrouvé son lieu naturel, comme Ulysse, il est pour ainsi dire un atome de cosmos, un fragment d'éternité, de sorte que la mort n'est (presque) plus rien pour lui : un simple passage d'un état à un autre. Nous sommes ici dans une espèce de mysticisme cosmologique, non pas une fusion en dieu, mais, si je puis dire, une fusion en cosmos…

Cette idée est assez clairement exposée chez les stoïciens, où elle est mise en harmonie (au sens musical) avec une autre idée : celle selon laquelle les deux grands maux qui pèsent sur l'existence humaine sont le passé et l'avenir. C'est là un des thèmes clés, par exemple, des *Lettres à Lucilius* de Sénèque. Le passé nous tire toujours en arrière par deux sentiments terribles que Spinoza nommera les « passions tristes » : la nostalgie quand il a été heureux ; la culpabilité, les remords et les regrets quand il a été malheureux. On s'en réveille la nuit. Et lorsqu'on échappe au poids du passé, c'est pour se précipiter dans les mirages du futur. Et on s'imagine qu'en changeant de coiffure, de chaussures, de voiture, de maison, de mari, de femme, etc., cela ira mieux. Et en vérité, selon Sénèque en tout cas (j'avoue qu'à titre personnel, j'ai une expérience un peu différente, mais je ne suis guère stoïcien ni spinoziste…), ça ne va pas mieux. Plaisanterie mise à part, l'idée de Sénèque est qu'on transporte son malheur avec soi, et que ce n'est pas en changeant des éléments extérieurs que ça va s'arranger. Il faut donc se défier des mirages du futur et des passions tristes du passé.

Pourquoi ? Parce que, dit Sénèque, à force de penser à l'avenir ou de regretter le passé, on en « manque de vivre ». Et le sage est celui qui est capable de se réconcilier avec le présent. Mon ami André Comte-Sponville a une jolie formule, tout à fait dans l'esprit stoïcien : le sage est celui qui parvient à regretter un peu moins, à espérer un peu moins et à aimer un peu plus. Nietzsche en a une autre, mais c'est la même idée : le sage est celui qui parvient à l'*amor fati*, l'amour du présent tel qu'il nous a été destiné. Une réconciliation joyeuse avec ce que Nietzsche désigne encore comme « innocence du devenir ». L'homme d'action que décrit Hegel (par opposition à l'homme théorique), cet homme dont le modèle est à ses yeux Napoléon, est toujours dans les « passions tristes ». Il est toujours à se demander si ce qu'il a fait était bien, si ce qu'il va faire est défendable. Il se réveille donc la nuit en permanence en se disant : « Mon Dieu, pourquoi ai-je dit ou fait cela ? », « Que ferai-je, que dirai-je demain ? », « Mon projet va-t-il passer ? », etc. Il n'est jamais heureux. Ou pour mieux dire peut-être : il peut parfois s'enthousiasmer, se passionner, mais jamais être serein ; il n'est jamais dans la grâce et la sérénité ; il n'est jamais sauvé. Il est toujours dans l'inquiétude, la tension, l'espérance, ou dans les joies mauvaises, conquérantes et narcissiques. Je n'ai jamais rencontré un homme politique heureux. J'en ai vu des passionnés, jamais des sereins. Il est le contraire de l'« innocence du devenir » (*Unschuldigkeit des Werdens*) dont parle Nietzsche.

Seul le sage peut comprendre que nous sommes tous innocents : il s'émancipe de toute forme de culpabilité et d'espérance. N'entrez pas dans l'espérance, dit le sage stoïcien, contrairement à Jean-Paul II. Là encore, je cite André Comte-Sponville : « Espérer, c'est désirer sans jouir, sans savoir, sans pouvoir. » C'est le pire des malheurs qui soit, puisque, dans cet état de tension, je suis ignorant, impuissant et triste. Si je suis malade et que j'espère guérir, alors je désire un bien que je n'ai pas, sans savoir quand il viendra ni pouvoir le faire advenir… Beau paradoxe, qui voit dans l'espoir l'une des plus grandes illusions de la pensée moderne, notamment chrétienne…

*Comment le christianisme rompt
avec les trois aspects – théorique,
éthique et sotériologique – des sagesses
cosmologiques grecques…*

Voilà la question que je voudrais poser à présent que l'arrière-fond est mis en place. Et j'en profite pour dire qu'à mes yeux toute doctrine philosophique sera désormais doctrine du salut sans Dieu. Qu'est-ce qui nous sauve de la mort lorsqu'on essaie de se sauver par soi-même et par la raison plutôt que par un Autre (Dieu) et par la foi ? Voilà l'interrogation philosophique qui guide et domine toutes les autres, et c'est elle qui marque la différence spécifique entre philosophie et religion. Ce qui pose d'ailleurs la question du statut de la philosophie chrétienne, musulmane et juive. Peut-être y reviendrons-nous dans la discussion. Mais dans toutes les religions, la philosophie occupe toujours un

statut, au final, secondaire : la philosophie, dit
Pierre Damien – la formule deviendra célèbre –,
est « servante de la religion », car la raison, à un
certain moment, quand il s'agit du salut justement, doit faire place à la foi.

J'en viens au christianisme. Le christianisme
va instaurer trois ruptures grandioses, bien
qu'évidemment, au sens propre, peu crédibles
pour qui n'a pas la foi, par rapport à la *theoria*
des stoïciens, par rapport à l'éthique de l'ajustement au cosmos et par rapport à la doctrine du
salut de ce fragment d'éternité, de ce petit
atome humain qu'est devenu le sage.

I. UNE RÉVOLUTION THÉORIQUE

Si l'on considère le **premier trait** de cette révolution, sur le plan de la *theoria*, ce fameux *theion*
qui est *logos et cosmos*, ce divin qui se confond
avec l'ordre « logique » ou rationnel du monde,
on voit que ce divin *logos* va, dans le christianisme, s'incarner dans une personne humaine,
dans l'homme-dieu, c'est-à-dire dans la chair
même de Jésus. C'est la première phrase de
l'Évangile de Jean : « *En arché ên o lógos* : au
commencement était le logos. » *Logos* est le

terme stoïcien par excellence et Jean le sait parfaitement. Au commencement, donc, il y a le divin *logos*, et jusque-là les stoïciens sont d'accord : en effet, le *logos, qui est à la fois theion et cosmos*, est au départ de toute chose, et notamment avant les humains qu'il englobe de toute part.

Mais vient ensuite une autre phrase : « et le **logos** **s'est fait chair** » (ou devint chair, peu importe) : *kaì o lógos sárks égeneto* (Jean 1-14). *Sárks*, *sarkós*, ça nous évoque en français d'autres mots, ça a donné par exemple…

PUBLIC HILARE…

Sarkozy !!

LUC FERRY

Eh non, je sais, ça fait toujours rire cette idée d'un Sarkozy petit bout de viande, mais vous n'y êtes pas du tout, ça a donné plutôt *sarcophage*, par exemple, la boîte qui mange la viande… Mais revenons à nos moutons. Le *logos* s'est fait chair. Ça veut dire quoi ? Cela signifie – c'est la même métaphore en latin – qu'il s'est in-carné, ce qui, cette fois-ci, est tout à fait scandaleux et même absurde pour les stoïciens. C'est cela qui n'a pas de sens et qui fait l'objet de toutes leurs critiques. Qu'il y ait au départ le *theion*, le *logos*, le *cosmos*, pas de problème ; mais le divin ne peut pas se réduire à une personne, aussi formidable soit-elle. Même si le Christ est un type épatant, un sage grandiose, le divin c'est la structure anonyme et aveugle du monde tout entier. C'est l'harmonie du monde, cela ne peut pas être une personne. C'est, par exemple, le mouvement régulier et ordonné des planètes, mais ce n'est pas un petit individu qui peut prétendre à lui seul incarner le divin *logos*. C'est l'ordre cosmique qui est divin, pas telle ou telle personne, si éminente soit-elle.

Du coup, si on accepte l'hypothèse chrétienne, cela conduit à une conséquence gigantesque, et c'est **le deuxième trait de cette rupture chrétienne** que je voudrais évoquer à propos de la nouvelle *theoria* qui se met en place contre celle des Grecs. Le mode de saisie du divin, la façon dont je « l'attrape » pour parler comme Hegel dans la *Phénoménologie*, ce ne peut plus être la raison, c'est évidemment **la foi**. Le problème, en effet, n'est pas de savoir si le Christ est un objet rationnel que je peux comprendre comme je comprends le cosmos chez les stoïciens, le problème est de savoir si je lui fais confiance (*fides*). Est-ce que je crois en ce qu'il me dit en tant que personne, oui ou non ? Tel est le problème. Le problème n'est pas : est-ce que je peux le connaître ? Est-ce que c'est un être rationnel ? Est-ce que ce qu'il dit est démontrable ? Mais : son témoignage est-il crédible ? Et mon témoignage le sera-t-il pour les autres, lorsque j'annoncerai la bonne nouvelle, si je suis un apôtre, un évangéliste ?

Du point de vue de la *theoria*, on assiste donc à une double révolution, la première ontologique et la seconde épistémologique : 1) L'être suprême, le divin, cesse d'être une structure anonyme et aveugle pour devenir une personne ; 2) le mode d'appréhension ou de connaissance du divin n'est plus essentiellement la raison mais la foi.

Cela ne veut pas dire que la raison n'aura pas de place : elle conservera une place très importante, bien évidemment, dans le christianisme, comme on le voit notamment chez saint Thomas d'Aquin, de sorte qu'il y aura bien, dans le christianisme, une place pour un bout de philosophie. J'y reviendrai dans quelques instants. Mais elle n'est plus le mode d'appréhension privilégié de l'essentiel, c'est-à-dire du divin, comme elle l'était chez les stoïciens.

Troisième trait : la critique de l'arrogance des philosophes. Pourquoi les philosophes sont-ils arrogants ? Thème chrétien par excellence, chez Augustin, chez Pascal, cela revient constamment. Ils sont arrogants parce qu'ils prétendent se sauver par eux-mêmes ; ils prétendent que les humains peuvent s'en tirer par eux-mêmes. Augustin ne les apostrophe qu'en disant : « Vous les superbes ! » Or désormais, le salut ne peut venir que de Dieu ! « Vous prétendez, dit en substance Augustin aux philosophes grecs, ne faire confiance à personne d'autre qu'à vous-mêmes, alors qu'en réalité vous êtes obligés de faire confiance aux autres et même à l'Autre. Persuadés d'obtenir votre salut sur ressources propres, vous méconnaissez qu'il n'y a pas de salut sans confiance, sans foi. » L'arrogance philosophique, la prétention à toujours penser par soi-même, va faire place à l'humilité chrétienne. Et cette humilité, ce n'est pas simplement l'humilité du croyant, c'est l'humilité de Jésus lui-même. La formule de saint Paul que Pierre-Henri citait tout à l'heure dit encore bien autre chose que ce qu'il lui faisait dire, avec justesse d'ailleurs ; elle dit toute l'humilité de la personne du Christ par rapport au dieu juste. Un dieu qui se laisse crucifier : scandale pour les

Juifs qui ne peuvent accepter l'idée qu'un dieu
soit assez faible pour se laisser martyriser par de
simples humains, et folie pour les Grecs, aux
yeux desquels le divin ne saurait se réduire à un
individu puisqu'il est la structure même de l'univers.

On trouve chez Simone Weil une belle interprétation de cette faiblesse du Christ, une interprétation qui touche d'ailleurs à la nature intime
de l'amour chrétien. (Entre parenthèses, je ne
suis pas croyant, mais je préfère faire ici comme
si je l'étais, car on ne peut rien comprendre à
une grande vision du monde si l'on n'éprouve
pas un minimum de sympathie pour elle.) Le
Christ a pour nous un amour intégralement gratuit, un amour totalement désintéressé ; eh bien,
selon Simone Weil, cet amour doit nous inciter
à interpréter la création du monde, non comme
une expansion foudroyante d'un dieu hyper-
puissant, qui aurait une sorte de trop-plein
d'être ou d'énergie superflue à dépenser. Mais,
au contraire, il faut penser que Dieu s'est retiré
pour nous laisser la place. C'est ça l'amour de
Dieu pour nous. Dieu se fait manque d'être
pour qu'il y ait de l'être. Il se retire pour que
nous puissions exister. Au contraire de l'eau qui
envahit tous les interstices chaque fois qu'il y a

un vide. Il y a d'ailleurs chez Simone Weil un arrière-fond de théologie juive, cela renvoie à quelque chose que Schelling reprend à la théologie juive : la théorie du *Zimzum*, c'est-à-dire la théorie de la création du monde par retrait du divin. C'est là un point très important dans le débat entre Schelling et Hegel, mais je laisse cela de côté ici.

Il y a donc une humilité, non pas seulement du croyant, mais de Jésus qui se laisse crucifier, alors que s'il voulait, évidemment, il pourrait, comme le dieu des Juifs, foudroyer à la seconde les gens qui sont présents. Comme il est amour, il laisse faire : tel est le scandale pour les Juifs.

Donc le scandale, c'est la faiblesse et la folie, c'est l'incarnation.

Et en plus, les chrétiens ont l'outrecuidance de prétendre que leur dieu est le seul Dieu. Et les astres, et Gaïa, et Ouranos, alors ? Voyez, je rejoins là tout à fait ce que nous disait Lucien Jerphagnon. Je vous lis le texte, génial, de saint Paul :

> « Dieu n'a-t-il pas frappé de folie la sagesse du monde, puisque en effet, le monde par le moyen de la sagesse n'a pas reconnu Dieu dans la sagesse de Dieu. C'est par la folie de la pro-clamation qu'il a plu à Dieu de sauver ceux qui

croient. Alors que les Juifs demandent des miracles et que les Grecs cherchent la sagesse, nous proclamons, nous, un Christ crucifié, scandale pour les Juifs et folie pour les Grecs qui sont appelés puissance de Dieu et sagesse de Dieu, car ce qui est folie de Dieu est plus sage que les hommes et ce qui est faiblesse de Dieu est plus fort que les hommes. »

Ce qui est faiblesse de Dieu est plus fort que les hommes, car lui seul est capable d'amour, l'amour gratuit désintéressé.

Quatrième trait, je le disais tout à l'heure : la philosophie devient donc *servante de la religion*. Il y a bien sûr une philosophie chrétienne, puisqu'il y a des philosophes chrétiens, qui sont même grandioses. Kierkegaard, Pascal, Thomas d'Aquin et tant d'autres. Mais en même temps, la philosophie n'est que servante de la religion. Elle aura une double place, que Paul fait déjà apparaître dans les lettres aux Corinthiens.

Il y a un premier usage, qu'on pourrait dire « herméneutique », de la raison, c'est-à-dire un usage visant *l'interprétation* des Écritures saintes. Le Christ parle par paraboles. L'avantage, c'est que tout le monde comprend quelque chose ou, du moins, croit comprendre. C'est comme les contes de fées : tout le monde les entend. La comparaison n'est pas de moi, elle est de Drewermann, voire déjà des frères Grimm et du romantisme allemand qui compare volontiers les contes de fées aux paraboles de l'Évangile. Drewermann, encore théologien catholique, mais sans doute protestant dans sa culture, a consacré des livres, d'ailleurs assez beaux, à cette question des paraboles et des relations qu'elles pouvaient entretenir dans le romantisme allemand avec les contes de fées. Cela dit, si on comprend immédiatement les contes de fées, il n'en reste pas moins qu'il y a en eux, comme dans les paraboles, un message caché. Tout le monde perçoit le message manifeste, mais personne ne comprend tout à fait à la première audition le message latent. Et là, il faut faire usage de la raison, c'est-à-dire, si l'on veut, philosopher.

Mais il y a encore un deuxième usage de la raison. Il vise à comprendre, non plus le sens des Écritures, mais la nature comme créature de Dieu, comme création divine. Comme telle, la nature tout entière doit porter en quelque façon les traces de la splendeur du créateur. C'est pour l'essentiel à saint Thomas qu'il reviendra de développer ce second aspect des choses,

beaucoup plus qu'à Augustin, qui est un platonisant et qui s'intéresse peu au monde sensible,
ou en tout cas pas de manière scientifique
comme saint Thomas le fera. On a donc là un
second usage de la raison, avec cette idée que,
pour parler comme Pasteur ou comme Jean-
Paul II comme dans *Fides et ratio*, son avant-
dernière encyclique : un peu de science éloigne
de Dieu, beaucoup de science nous y ramène.
C'est tout le message de Thomas et de Jean-
Paul II sur la liberté de la raison scientifique.
Voyez l'idée : il n'y a pas deux vérités, pour parler comme on parlait au XIIIᵉ siècle. Il n'y a pas
de contradiction possible entre les vérités révélées et les vérités de la science ou de la raison.
La raison doit donc être laissée libre. Mais
néanmoins, pour accéder aux mystères de la
vérité révélée, par exemple, la Trinité, il faut la
foi. Et lorsqu'il s'agit du salut, c'est encore la foi
qui sauve. Comme le dira Luther, qui est beaucoup plus génial qu'on ne le croit chez nous,
dans un des *Grands Écrits réformateurs* : « Se-
riez-vous bonnes œuvres des pieds jusqu'à la
tête, que vous ne seriez pas sauvés. » Il a raison
du point de vue du message du Christ. Ce ne
sont pas les œuvres qui vont sauver, fussent-
elles les œuvres de la raison, mais c'est évidem-

ment la foi. Ce n'est pas par la raison que l'on va être sauvés, mais par la foi. Et la foi est une grâce.

Cinquième trait : et c'est l'un des points les plus importants – il est un peu hors sujet, mais je vous le dis quand même parce qu'il nous touche tous, comme professeurs ou étudiants en philosophie. C'est à partir de ce renversement chrétien que la philosophie va être, par contre-coup, transformée en **scolastique** – c'est-à-dire, pour l'essentiel, en ce que Kant appellera la *metaphysica generalis*, une analyse logique de grandes notions : la substance, l'accident, l'attri-but, la vérité, la justice, la beauté, etc. La philo-sophie va devenir analyse de notions. Et notre programme de philo qui est le plus calamiteux de tous les programmes de l'histoire de la Répu-blique, est un héritage direct de cette révolution qu'instaure le christianisme par rapport à la philosophie grecque. C'est un programme qui réduit la philosophie à l'analyse historico-critique de notions. Avec la victoire du christia-nisme sur les Grecs, la philosophie va en effet cesser d'être un art de vivre, une doctrine du salut par la raison, pour devenir un commen-taire critique de notions, ce qui n'a à mes yeux à peu près aucun intérêt.

La République ajoutera un élément supplémentaire, lorsqu'elle va créer la classe de terminale. C'est Napoléon qui la crée, en 1806, afin que les jeunes gens deviennent des citoyens éclairés et qu'ils puissent comparer entre elles les opinions afin d'exercer de manière légitime leur droit de vote. Il ne fera qu'ajouter l'esprit critique à la scolastique. Ce qui fait que nos élèves croient aujourd'hui que la philosophie consiste à analyser des notions avec esprit critique. Mais si on avait dit cela à Épictète, à Spinoza, à Kant ou à Nietzsche, ils seraient tombés de leur chaise ! C'est, au mieux, une définition du journalisme : un bon journaliste, c'est quelqu'un, en effet, qui peut ou qui devrait pouvoir analyser les notions avec un esprit critique. On a là un effet terrible de cette victoire du christianisme sur la philosophie grecque. La philosophie mettra très longtemps à s'en remettre : elle va devenir discours, commentaire critique, intelligent parfois, mais elle cessera, avec la scolastique, d'être un art de vivre comme elle l'était chez les Grecs : *philo-sophia*, quête de la sagesse.

Mais laissons cela, et revenons à notre second point fondamental de rupture : la rupture que le christianisme instaure sur le plan moral, éthique,

par rapport à la tradition dominante de la philosophie grecque.

II. UNE RÉVOLUTION ÉTHIQUE

Je n'ai parlé jusqu'à présent que de la révolution théorique. Il va y avoir deux autres révo-
lutions : une révolution morale et une révolution
en matière de doctrine du salut. Je vous les
indique brièvement.

Tout cela, je ne l'ai pas encore dit, mais se
trouve déjà, du moins *in nucleo*, chez saint Justin, le premier Père de l'Église, qui publie ses
principales œuvres autour de 150 après J.-C.,
sous le règne d'abord d'Antonin, puis de Marc
Aurèle. Or c'est justement sous le règne de
Marc Aurèle, le dernier grand stoïcien, que Justin sera condamné à mort. Il sera exécuté avec
six de ses disciples, précisément parce qu'il
défend des thèses chrétiennes touchant cette
question, que j'évoquais tout à l'heure, de la
nature du divin qui, aux yeux des stoïciens, ne
saurait être incarné dans une personne. Il est
tout de même intéressant d'examiner d'un peu
plus près les raisons pour lesquelles le premier
Père de l'Église va être exécuté sur ordre – ou

en tout cas en son nom – du dernier grand stoïcien…

Justin a écrit deux types de textes. D'abord
des *Apologies*, c'est-à-dire des plaidoiries qui
défendaient la vérité des premières communautés chrétiennes contre les rumeurs que Lucien
Jerphagnon évoquait tout à l'heure : adorer un
dieu à tête d'âne, pratiquer le cannibalisme,
l'inceste… toutes sortes de choses qui n'avaient
évidemment aucun rapport avec la réalité. Ce
sont les premiers textes vraiment fiables et com-
plets dont nous disposions pour nous faire une
idée sans doute authentique de la vie quo-
tidienne de ces premières communautés. La
deuxième œuvre, vraiment passionnante, est un
dialogue avec un sage juif, un rabbin, qui porte
justement sur la question que je viens d'évoquer : le scandale et la folie d'un dieu faible et
incarné dans une figure humaine. Au-delà de ce
point particulier, leur débat touche aussi la
question de savoir quelle est la meilleure doctrine du salut.

Justin raconte notamment pourquoi il a été
d'abord un philosophe grec – d'ailleurs, il est
habillé comme un philosophe grec. Il porte ce
manteau, cette robe de philosophe que Rousseau remettra à l'honneur. Et Justin explique

qu'il a cru en toutes sortes de philosophies : il a été platonisant, stoïcien, néoplatonicien, etc. et finalement il a compris que la doctrine chrétienne du salut était bien plus puissante et crédible que toute la philosophie des Grecs. Et ce sont les deux points que je vais évoquer maintenant qui l'ont convaincu.

Le premier tient à la révolution morale apportée par le christianisme. Elle va avoir des conséquences considérables, historiques, culturelles, philosophiques ; elle est évidemment cruciale, notamment en ce qu'elle rompt avec la vision aristocratique de l'ordre juste qui caractérise l'univers grec. Voici en quelques mots en quoi. La cosmologie grecque ne repose pas seulement sur ce fameux partage originel du monde que j'évoquais tout à l'heure, ce fameux jugement de Zeus qui concrétise la fin de la guerre contre les Titans. C'est aussi un monde fondamentalement hiérarchisé : il y a un haut et un bas, une droite et une gauche, des lieux naturels qui ont des valeurs différentes. Le monde grec est, si je puis dire, structurellement aristocratique : il y a une hiérarchie naturelle des êtres et, pour dire les choses aussi simplement que possible, il est juste que les bons soient « en haut », et les mauvais « en bas ». Quand j'étais étudiant, dans cet amphithéâtre de la Sorbonne d'ailleurs, nous étudiions l'*Éthique à Nicomaque* sous la houlette de Pierre Aubenque. J'étais assez perplexe devant les formules qu'utilise Aristote lorsqu'il parle, par exemple, d'un « cheval vertueux » ou d'un « œil vertueux ». Pour nous, modernes, de telles formules n'ont pas grand sens. Cette acception de l'idée de vertu ne possède de signification que dans un monde aristocratique qui a presque totalement disparu aujourd'hui. En l'occurrence, elle signifie qu'entre l'œil complètement myope et l'œil complètement presbyte, vous avez toute une hiérarchie de degrés qui passent par un milieu, le juste milieu, qui est la perfection même, à égale distance de ces deux défauts extrêmes que sont la presbytie et la myopie. De même que le courage est à égale distance de la lâcheté et de la témérité.

Ce juste milieu, au fond, c'est l'idée aristocratique elle-même, c'est la perfection naturelle, l'excellence. De ce point de vue, la dignité morale d'un être se confond avec ses talents naturels. Chez Platon, par exemple, l'ordre juste est à l'image de l'ordre naturel des choses : il y a les philosophes en haut, les guerriers au milieu et les artisans en bas, comme dans un corps humain, on trouve le *noũs* (l'esprit) en haut, dans la tête, le *thymós* (le cœur, le courage) dans le diaphragme, au milieu, et l'*epithumía* (le désir animal) dans le bas-ventre. Cette hiérarchie doit être respectée : la cité est juste quand la hiérarchie naturelle s'y trouve inscrite, nullement quand le gouvernement ou les lois y sont choisies par la volonté générale. Nous sommes, par avance, aux antipodes de Rousseau et de toute démocratie.

Notez aussi, vous verrez dans un instant pourquoi c'est crucial, que dans cet univers hiérarchisé, l'aristocrate se définit essentiellement comme un être doué qui ne travaille pas. Il est celui qui, comme le philosophe, contemple. Il est dans la *theoria.* Il s'exerce, il fait la guerre, il pratique toutes sortes de sports et de jeux, mais, jusqu'à la Révolution française, l'aristocrate va se définir comme celui qui ne *travaille* pas. Pour cela, il a des esclaves.

En vérité, on peut dire que, de ce point de vue, toutes les morales démocratiques, sans aucune exception, sont directement héritières du christianisme et de la rupture inimaginable encore à l'époque qu'il va introduire avec le monde grec. Il suffit pour s'en convaincre de relire la fameuse parabole des talents. Un maître confie à ses trois serviteurs, avant de partir en voyage, une somme d'argent. Il donne cinq talents au premier, deux au second et un seul au dernier. À son retour, les deux premiers lui rendent respectivement dix et quatre talents – et il les félicite à égalité – mais le dernier n'en restitue qu'un seul. Au lieu de le faire fructifier, il l'a enterré par peur du maître… qui le chasse avec la plus grande sévérité !

Cette parabole, d'apparence anodine, représente en réalité une véritable révolution. Elle signifie que la valeur morale d'un être ne dépend pas des dons naturels qu'il a reçus au départ, mais de ce qu'il en fait, pas de la nature mais de la liberté. C'est une rupture avec le monde aristocratique, où la hiérarchie sociale reflète les inégalités naturelles. Un trisomique 21, d'un point de vue chrétien, possède *a priori* la même valeur morale qu'Einstein : tout dépend non de ses talents naturels, mais de ce qu'il en fera. Kant et les républicains français reprendront ce thème en expliquant – c'est là le sens de la première page des *Fondements de la métaphysique des mœurs* – que les dons naturels (beauté, mémoire, intelligence, force…) ne sont pas bons moralement en eux-mêmes. La preuve ? C'est qu'ils peuvent tous être mis indifféremment au service du bien comme du mal, ce qui prouve que c'est seulement leur usage qui est moral.

C'est cette sécularisation de la parabole des talents qui fondera les premières grandes morales laïques. C'est elle qui imprégnera tout le droit républicain, avec une conséquence abyssale : la valorisation du travail. Encore une fois : un aristocrate joue, ripaille, fait la guerre, mais il ne travaille pas – il y a des serfs pour faire les basses besognes. En revanche, si la vertu morale ne réside plus dans les dons naturels mais dans ce qu'on en fait, le travail va être valorisé. Ce sont les moines qui, en Europe, vont être les premiers à le mettre en valeur, du moins dans les classes supérieures, car ce qui compte, c'est la fructification de ce qu'on a reçu. Un moine doit travailler, ne pas rester inactif – ce qui nous vaudra, cela dit au passage, de bien belles inventions : le Cointreau et la chartreuse, le champagne et le confit d'oie… Un homme qui ne travaille pas n'est pas seulement un homme pauvre, il est aussi un pauvre homme, parce qu'il n'est pas « cultivé », parce qu'on ne s'humanise pas sans passer par le travail. Comme pour Kant et Fichte, la paresse et l'égoïsme sont les deux péchés principaux pour l'instituteur républicain

qui est infiniment plus chrétien qu'il ne l'imagine. Rupture abyssale là encore : la vertu n'est
plus un prolongement ou un reflet de la nature,
l'actualisation d'une nature bien née, le passage
de la puissance à l'acte, de la *dynamis* à l'*ener-
geia*, mais, au contraire, une lutte sans relâche
contre les penchants naturels à la paresse et à
l'égoïsme !

On dit souvent que ce sont les stoïciens qui
inventent l'idée moderne d'humanité : disons-le
simplement, c'est un cliché. Le stoïcisme reste
tout entier prisonnier d'une vision aristocratique
et hiérarchique du cosmos. Ce sont les chrétiens
qui inventent l'idée moderne d'égalité, d'égale
dignité des êtres humains. L'argumentation
kantienne que je viens d'évoquer n'est rien
d'autre que du christianisme sécularisé. C'est là
d'ailleurs une preuve supplémentaire de la thèse
que je défends depuis longtemps selon laquelle
la philosophie est toujours sécularisation d'une
religion. L'idéalisme allemand, c'est la sécularisation de Luther, comme la philosophie grecque
est sécularisation de la mythologie. Et quand
on regarde dans le détail, cela marche jusqu'à
Hegel compris et même jusqu'à Marx. Quant à
la déconstruction, elle sera sécularisation de la
sécularisation : Nietzsche se propose explicite-

ment – c'est tout le sens de sa critique du nihilisme – de déconstruire ce qui reste encore de religieux dans le rationalisme du XVIIIe et du XIXe-siècle : la croyance dans les idoles du progrès, des Lumières, de la science, de la raison, de la démocratie, etc. Bref, il veut en finir une bonne fois avec la structure religieuse qui perdure jusque dans le matérialisme philosophique des Lumières...

Mais revenons au christianisme et à la parabole des talents. Ce qui compte, sur le plan moral, ce n'est plus ce qu'on a reçu au départ, mais ce qu'on en fait. Dans l'école de la République, le hussard qu'est l'instituteur préfère de beaucoup l'élève qui n'a pas de facilités, qui n'est pas un aristocrate, qui n'a pas de dons particuliers, mais qui travaille, à l'élève qui a des talents, mais qui ne travaille pas. C'est là, du reste, le sens profond de la fameuse formule des bulletins scolaires de notre enfance : « Peut mieux faire ! » C'est la valorisation du travail qui s'introduit dans le monde moderne à partir de la parabole des talents. D'aristocratique qu'elle était chez les Grecs, la morale va devenir ainsi, sous l'influence du christianisme, méritocratique.

Reste la sphère la plus haute, celle qui va

emporter l'adhésion de Justin, à savoir celle de
la spiritualité ou de la sagesse, c'est-à-dire de la
doctrine du salut.

III. Une révolution sotériologique
(touchant la doctrine du salut)

Une promesse personnelle : si le divin n'est
plus la structure anonyme et aveugle du monde,
s'il ne se confond plus avec l'harmonie de l'univers, le *cosmos*, l'ordre juste et bon comme tel,
mais si le divin, le *logos*, est incarné, s'il s'identi-
fie désormais à une personne de chair et de
sang, alors, du coup, le salut change totalement
de sens. Le salut va devenir une promesse qui
nous est faite par un être conscient et singulier,
le Christ, un engagement pris par une personne
vis-à-vis d'autres personnes, bref, une affaire
d'intersubjectivité, non de mondanité. Autrement dit, le salut va devenir une affaire personnelle à la fois dans sa source et dans son
destinataire. Il est promis par une personne à
des personnes et ce, en toute conscience.

Comme y insiste Justin, à la différence de la
providence aveugle, du destin cher aux stoïciens, le Christ s'occupe de chacun d'entre nous

en personne et personnellement. Il sait ce qu'il advient du moindre de mes cheveux ! Bien sûr, dit Justin en parlant des penseurs grecs, « ils essaient de nous convaincre que Dieu s'occupe de l'univers dans son ensemble, des genres et des espèces, mais de moi, de toi, de chacun en particulier, il n'en va pas de même » ! Ce que nous promettent les stoïciens, pour être clair, c'est qu'on va devenir un fragment de cosmos, anonyme et inconscient, un grain de poussière logé dans un ensemble immense : mais avons-nous vraiment envie de devenir un atome de matière brute perdu dans une immensité sans âme ? Ce n'est pas franchement enthousiasmant. Ce dont nous avons envie – voilà en tout cas ce que pensent Justin, et tous les chrétiens, à ce qu'il me semble, avec lui –, c'est de rester éternellement en vie et, surtout, si possible, de retrouver ceux que nous aimons après la mort biologique.

C'est là, d'ailleurs, la signification première du mot « Évangile », cette bonne nouvelle que symbolise le fameux épisode de la mort de Lazare. Lazare est l'ami du Christ. Et lorsqu'il meurt, le Christ pleure, par deux fois. Mais il ne fait rien pour sauver son ami. Il laisse même passer deux jours pour que tout le monde constate bien que Lazare est mort. Le texte de l'Évangile précise, pour que la chose ne fasse pas de doute, que Lazare « sent mauvais », parce que sa chair est déjà entrée en décomposition. La bonne nouvelle – que Paul tient pour essentielle entre toutes puisqu'elle forme *le* message de l'Évangile – c'est la résurrection, non seulement des âmes, mais des corps, de la chair. Ce que le Christ va nous promettre, ce n'est pas la survie sous forme d'un fragment anonyme d'un cosmos lui-même impersonnel et aveugle, mais il nous garantit que, par la foi, nous allons pouvoir revivre et retrouver après la mort ceux que nous aimons. La promesse, bien évidemment, est grandiose – pourvu, bien entendu, qu'on y croie… Là est bien, à ce qu'il me semble, le cœur du cœur de la *tentation chrétienne*, de la séduction que le christianisme va exercer sur les esprits.

Et ce corps ressuscité, dans la théologie chrétienne, porte un nom. Il s'agit du **corps glorieux**. C'est le *schibboleth* de la doctrine chrétienne du salut, qui, parmi toutes les autres doctrines de l'immortalité, insiste plus qu'aucune autre sur le caractère singulier, personnel et tout à fait charnel d'une résurrection qui ne porte pas seulement sur une âme immatérielle et inconsciente, mais sur le composé singulier de l'âme et du corps. Nous allons retrouver, comme lui-même retrouve Lazare, les personnes que nous aimons en chair et en os. Alors, grande question : à quel âge et avec quelle tête ? À deux ans ou à quatre-vingts ans ? La réponse chrétienne est très belle : ce que nous allons retrouver, ce fameux « corps glorieux », c'est le visage de l'amour, la voix qu'on a aimée, l'œil ou le sourire qu'on a aimés. Peu importe l'âge, on va retrouver la personne aimée avec le visage de l'amour.

D'où le troisième élément de la doctrine du salut, qui est le plus important : c'est la **doctrine de l'amour**. Elle est, dans le christianisme, d'une très grande profondeur et n'a rien de cette vulgate « anti-érotique » à laquelle on l'a réduite d'ordinaire dans les habituelles ritournelles marxistes ou nietzschéennes.

Pour bien comprendre, il faut se souvenir que, dans la tradition stoïcienne, l'amour n'est pas une solution, comme dans le christianisme qui va en faire un vecteur du salut, mais plutôt un problème. Car il porte inévitablement à l'attachement qui est une folie, puisque la vérité du monde est l'impermanence, le fait que tout passe. C'est dans ce sens – parfaitement ana-logue à ce qu'on trouvera aussi dans le bouddhisme – qu'Épictète dit à son disciple : quand tu embrasses ton enfant, ton fils ou ta fille, au moment même où tu le tiens dans tes bras, distoi bien qu'il peut mourir tout comme hier tu as lâché ton verre qui s'est brisé sur le carrelage. Dès qu'un être est né, il est assez vieux pour mourir. Le message stoïcien, comme le message bouddhiste, nous dit et nous répète en permanence : « Ne vous attachez pas ! » Cela ne signifie pas : « Soyez indifférents. » Il faut, au contraire, pratiquer l'amitié, la compassion, mais il faut le faire sans s'attacher. Chacun comprend qu'il y a plusieurs formes d'amour et d'amitié, et ce qu'il faut fuir comme la peste, c'est cet amour passion qui nous crée des liens indéfectibles sans douleur. Si vous vous attachez à des êtres ou à des choses, comme la vérité de ce monde, c'est la mort, l'éphémère, vous serez inévitablement malheureux, vous vous préparez les pires souffrances qui soient. De là l'éloge de la vie monastique plutôt que du mariage et de la famille : seule une vie solitaire – du grec *monos*, seul : le moine est un solitaire – peut nous aider à éviter la folie de l'attachement et nous préparer ainsi à la vraie sagesse.

À bien des égards, on retrouvera aussi ce thème dans la pensée chrétienne, par exemple chez Pascal, ce qui peut tromper aisément le lecteur et lui donner à penser que la doctrine de l'amour est au fond la même que chez les stoïciens ou les bouddhistes – ce qui est une grave erreur. Mais, dans un premier temps au moins, c'est vrai, on trouve dans le christianisme une critique de l'amour passion, de l'amour d'attachement. Pascal va même très loin. Il dit non seulement : « Ne vous attachez pas », mais aussi : « Ne laissez pas non plus quelqu'un s'attacher à vous. » Pourquoi ? Parce que si vous laissez quelqu'un s'attacher à vous, vous le rendez fou ; vous lui faites croire que ça vaut la peine qu'il vous aime, alors que la seule personne qui ne le trahira pas en amour, c'est Dieu. Laisser quelqu'un s'attacher à vous qui êtes mortel, à vous qui allez mourir, c'est le tromper : on ne peut et ne doit s'attacher qu'à ce qui est immortel. Voici le texte des *Pensées* de Pascal :

« Il est injuste qu'on s'attache à moi, quoiqu'on le fasse avec plaisir et volontairement. Je tromperais ceux en qui j'en ferais naître le désir ; car je ne suis la fin de personne et n'ai pas de quoi les satisfaire. Ne suis-je pas prêt à mourir ? Et ainsi l'objet de leur attachement mourra donc. Comme je serais coupable de faire croire une fausseté, quoique je la per-

suadasse doucement et qu'on la crût avec plaisir, et qu'en cela on me fît plaisir, de même, je
suis coupable de me faire aimer, et si j'attire les
gens à s'attacher à moi. Je dois avertir ceux qui
seraient prêts à consentir au mensonge qu'ils ne
le doivent pas croire, quelque avantage qu'il
m'en revînt ; et de même, qu'ils ne doivent pas
s'attacher à moi ; car il faut qu'ils passent leur
vie et leurs soins à plaire à Dieu, ou à le chercher. »

L'idée semble donc, à première vue au
moins, être la même que chez les stoïciens ou les
bouddhistes. Mais ne vous y trompez pas. Il y a
un thème supplémentaire chez les chrétiens, qui
vient modifier du tout au tout cette réticence à
l'égard de l'amour. On le trouve déjà très clairement formulé chez Augustin, lorsqu'il déve-
loppe sa vision de « l'amour en Dieu ». Disons
les choses simplement : dès lors qu'on s'attache
« en Dieu », c'est-à-dire en un troisième terme
qui relie les êtres entre eux, dès lors qu'on est
relié dans ce troisième élément qu'est l'amour
divin et qu'on aime, en l'autre, la partie divine,
celle justement qui va revenir dans cette promesse de la résurrection des corps, alors on peut
aimer, si j'ose dire, sans modération. On ne
verse plus sur du sable, pour reprendre une

autre formule d'Augustin. On peut s'attacher à cet autre-là si on l'aime dans la partie éternelle de son être. On ne sera ni déçu ni malheureux.

Autrement dit : *la promesse de la résurrection libère l'amour.* C'est là un point que ne voient pas les petits nietzschéens de gauche qui aujourd'hui, contrairement à Nietzsche, ne connaissent rien de rien au christianisme. Ils s'imaginent que la partie éternelle qu'on a le droit d'aimer, c'est bien entendu seulement la partie non charnelle, l'âme éthérée en quelque sorte. Et d'entonner le couplet habituel sur la haine du sensible, le mépris du corps, le refoulement de la sexualité, etc., etc. Balivernes ! L'amour peut et doit incorporer Eros. L'amour réussi c'est *eros*, *philia* et *agapé* en un. La chair, cette chair qui pourrit en Lazare mais que le Christ ressuscite, ne doit pas être laissée de côté.

Et cela, je ne l'invente pas. Je vous lis, exemple entre mille, le texte du *Catéchisme officiel* du Vatican, pourtant, vous me l'accorderez, peu porté d'ordinaire à l'érotisme :

> « La chair est le pivot du salut. Nous croyons en Dieu qui est le Créateur de la chair ; nous croyons au Verbe fait chair pour racheter la chair ; nous croyons en la résurrection de la chair achèvement de la création et rédemption

de la chair ; nous croyons en la vraie résurrection de cette chair que nous possédons maintenant. »

Et on nous dit que la chair n'a pas d'importance chez les chrétiens ! C'est ne rien comprendre à la philosophie de l'amour. Au reste, le
premier grand discours de Benoît XVI porte sur
la place d'Eros dans l'amour chrétien, et ce n'est
nul hasard : l'oublier c'est dénaturer le sens le
plus profond de l'Évangile, de la bonne nouvelle.

Preuve ? *A contrario* : c'est dans l'union de
deux êtres sous l'égide d'un troisième que
l'amour s'épanouit. Pour les chrétiens, bien sûr,
le troisième terme est Dieu, mais l'idée pourra
aisément être sécularisée : il faut, pour que
l'amour tienne, avoir des projets communs, sortir du face-à-face, de la dualité, pour s'inscrire
dans la logique d'un troisième terme, faute de
quoi, le divorce, la séparation se profilent à
l'horizon. L'idéal de la vie monastique n'est plus
le seul et le protestantisme, comme on le sait, ne
fera pas du célibat des prêtres un impératif
absolu, bien au contraire.

De là aussi, l'importance du diable, de ce *dia-
bolos* qui cherche toujours et sans faille à séparer

ce qui est uni en un Autre. Qu'est-ce que le diable dans la théologie chrétienne ? Le diable, ce n'est pas cette personne qui a été inventée plus tard et qui vous tente avec des décolletés plongeants ou des éclairs au chocolat. La tentation qu'exerce le diable n'est pas celle-là. Le diable n'est pas non plus celui qui passe son temps à diviser les humains entre eux : il n'a pas besoin d'intervenir pour cela, les hommes se débrouillent très bien tout seuls. Le diable, c'est celui qui essaie de séparer les humains de cette colonne de salut qu'est l'amour divin. Il essaie de les séparer de ce troisième terme divin qui sauve l'amour afin qu'à la vie éternelle fasse place la mort éternelle : c'est cela la définition de l'enfer. L'enfer, c'est la désolation, c'est-à-dire la solitude éternelle. L'œuvre du diable, c'est celle du serpent dans la Genèse lorsqu'il dit à Ève : « Est-ce que tu es bien sûre que Dieu, au fond, ne t'a pas menti ? Parce que Lui, Il ne s'est pas gêné pour goûter au fruit de l'arbre, non ? » Le serpent essaie de faire en sorte qu'Ève doute au mauvais sens du terme, non pas un doute réfléchi et utile comme celui de Descartes et des savants, mais une mise en question de la parole divine elle-même. Le diable, c'est, si j'ose dire, exactement le contraire du mariage

réussi : c'est celui qui désunit en faisant disparaître le troisième terme.

Il y a bien entendu d'autres dimensions de
l'amour chrétien. Notamment celle de la gratui-
té : *agapé*, de ce point de vue, va plus loin encore
que *philia*, comme l'avait bien compris Simone
Weil qui voyait dans la création du monde par
Dieu un premier geste d'amour plus que de
puissance : j'ai déjà évoqué que ce Dieu ne crée
pas le monde par excroissance ou surpuissance,
mais en se faisant faible, en se retirant en
quelque sorte pour faire place aux autres. Il se
fait manque d'être pour qu'il y ait de l'être. Mais
cela est peut-être mieux connu, et il nous faut,
de toute façon, nous arrêter. Il me suffisait
aujourd'hui de vous montrer combien la promesse chrétienne du salut, pourvu bien sûr
qu'on y croie, est bien supérieure à la promesse
de salut philosophique. Je pense que c'est
comme cela que le christianisme l'a emporté.
Par la tentation qu'il a exercée sur les cœurs
plus encore que sur les esprits. Pas par une
théologie savante, comme celle que nous peau-
finent aujourd'hui des théologiens passés par
Husserl et Heidegger, mais par un discours
accessible même aux petits enfants. C'est à ce
niveau qu'on voit le mieux combien cette pro-

messe est supérieure à celle des philosophes –
toujours à la même condition, bien sûr : celle,
tout simplement, de la foi.

Merci de votre attention.

Discussion

PIERRE-HENRI TAVOILLOT

Grand merci pour vos exposés qui sont passionnants non seulement par eux-mêmes, mais aussi dans leur relation complémentaire, puisqu'on est parti pour tenter d'expliquer la victoire culturelle du christianisme, de l'analyse historique des « manques » de la piété romaine, pour réfléchir ensuite aux faiblesses philosophiques de la sagesse grecque. Vos deux exposés sont très convergents et vont nous permettre d'approfondir…

LUCIEN JERPHAGNON

… et pourtant nous ne nous sommes point concertés. Je le dis la main sur le cœur ! Je suis un lecteur attentif de Luc Ferry et bien souvent je me suis demandé ce qu'il en aurait été – car il faut rêver un peu – si d'aventure nous nous étions rencontrés, par exemple au IIIᵉ siècle, à l'école de Plotin ou chez Porphyre. Je nous vois très bien discutant de choses et d'autres en sortant, comme ces personnes qui venaient écouter Plotin, dont parle Porphyre. Tout à l'heure, en vous écoutant, je songeais à Xénophane de Colophon qui dit quelque part que, au départ, les dieux n'ont pas tout dit aux humains, mais que ceux-ci, en réfléchissant et en cherchant, ont trouvé le meilleur. Je voyais ce texte dans ma tête lorsque vous disiez que la *philosophia* ou la *philía tēs sophías*, l'amour de la sagesse, étaient sorties de la religion. Sorties pour y re-rentrer, comme on dit à Bordeaux, et pour en sortir à nouveau, à l'infini.

PIERRE-HENRI TAVOILLOT

Avant d'ouvrir le débat, j'aurais une question très simple à vous poser. Vous reconnaissez tous les deux la puissance du christianisme, pour expliquer sa victoire. Or, aucun de vous deux ne se reconnaît directement chrétien. Lucien Jerphagnon se qualifie lui-même, si je ne me trompe, d'« agnostique mystique » – il nous dira ce que cela signifie –, et Luc Ferry, même s'il semble le regretter parfois, ne croit pas à la splendeur de Dieu. Donc comment comprendre à partir de cette puissance de la culture chrétienne qu'on ait pu en sortir et, question plus personnelle, que vous n'y croyiez pas ?

LUCIEN JERPHAGNON

Le terme d'agnostique mystique peut paraître étrange. Disons fondamentalement que c'est un chrétien, mais qui ne croit pas de façon servile à quelque formulation dogmatique que ce soit. Non que j'éprouve pour ces formulations dogmatiques l'ombre d'un mépris, mais parce que je sais un peu comment c'est fait. On dit souvent que les pâtissiers ne mangent pas de gâteaux parce qu'ils savent ce qu'il y a dedans. Il en va de même pour moi qui suis non pas philosophe, mais historien de la philosophie : je regarde penser les autres et j'essaie d'en tirer profit. Quand je regarde la façon dont on s'y est pris pour construire les dogmes, cela m'inquiète beaucoup. Bergson disait dans *Le Rire* que lorsqu'on plaquait du mécanique sur du vivant, on arrivait à du comique. Je dirais que quand on plaque sur du mystérieux des concepts philosophiques, on arrive à de petits monstres rationnellement conçus, et dont j'ai grand-peine à tirer quoi que ce soit. Et s'il me fallait dire mon credo, ce serait à la fois celui d'Augustin quand, avec beaucoup de lucidité, il écrit : « Quand tu trouves une bonne formule sur Dieu, c'est que ce n'est pas lui », et celui de Damascios, à la fin de la pensée grecque, qui, achevant son énorme livre sur l'au-delà de l'être, écrivait que le mieux, en ces matières, serait, une fois le bouquin fermé, de se taire. Je suis un croyant apophatique ; c'est pourquoi j'aime les gens comme le Pseudo-Denys ou au Moyen Âge, comme Maître Eckhart.

LUC FERRY

D'abord, il faut relativiser la sortie hors du christianisme. Il va fonctionner fort bien et pendant longtemps : *grosso modo* du IVe siècle après J.-C. jusqu'au XVIIe siècle, il règne presque sans partage sur l'Europe. Et il reste quand même, ne l'oublions pas, environ deux milliards de chrétiens dans le monde ! Ce n'est pas rien. Je ne suis pas croyant, mais je dis toujours que de tous les livres, s'il faut, comme on dit, choisir pour l'île déserte, c'est l'Évangile de Jean que j'emporte sans hésitation. La seule chose qui me manque, c'est la foi. La seule véritable objection que j'ai contre cette religion – j'évoque rarement les critiques, puisque, précisément, c'est l'œuvre du diable...

PIERRE-HENRI TAVOILLOT

... l'anagramme de Luc Ferry, c'est – notez-le bien – Lucifer !

LUC FERRY

Eh oui ! Je m'en suis aperçu quand j'ai voulu écrire un livre sur le diable. J'ai aussitôt arrêté. Non, soyons sérieux. Mon ami André Comte-Sponville a répertorié dans un livre récent toute une série d'objections rationnelles contre la religion. Comme toujours avec lui, c'est très bien fait, mais ce ne sont pas tellement les objections rationnelles qui me parlent le plus. La seule qui me saute aux yeux, c'est que c'est trop beau pour être vrai. C'est tellement ce qu'on a envie d'entendre, que cela ne peut être que controuvé. On ne veut pas mourir, on veut retrouver les gens qu'on aime... et, comme par miracle, il y a un type qui arrive et qui nous promet tout cela. Pour le reste, je n'ai jamais été convaincu par les arguments généalogiques à la Freud, Marx et Nietzsche, l'opium du peuple, la névrose obsessionnelle de l'humanité, le nihilisme… J'ai toujours trouvé que ces critiques du christianisme étaient simplistes et hâtives, en tout cas beaucoup moins intéressantes que le christianisme lui-même, même si je le crois, en effet, illusoire.

SALLE

Je voudrais demander à Luc Ferry s'il regrette de ne pas avoir la foi.

LUC FERRY

Oui et non. Ce qui me semble regrettable, ce n'est pas de ne pas avoir la foi, c'est plutôt que la « bonne nouvelle » n'en soit pas une, qu'elle ne soit, tout simplement, pas vraie, en tout cas pas crédible à mes yeux… Ce n'est pas la même chose. Avoir la foi ou non n'a aucun intérêt, si la « bonne nouvelle » n'en est pas une. En d'autres termes, je crois que la lucidité est supérieure à tout et qu'il vaut mieux préférer une mauvaise nouvelle vraie à une bonne nouvelle fausse. Car on peut faire avec la vérité, tandis que l'illusion nous rend fou. D'où mon intérêt passionné pour la philosophie comme quête d'une sagesse désillusionnée, comme construction d'une spiritualité laïque qui ne nous dore pas la pilule…

SALLE

Vous partez du principe que le christianisme a triomphé, mais c'est faux. Pour le Moyen Âge, admettons ; mais, à partir du XVIIᵉ siècle, le christianisme est contesté. La vraie question est de savoir ce que le Christ a à nous dire aujourd'hui, dans un monde rempli de conflits catastrophiques.

LUC FERRY

Ce n'est pas parce que le christianisme est « contesté », comme vous dites, qu'il ne remporte pas l'adhésion de deux milliards de personnes encore aujourd'hui. Excusez du peu ! Quant à la situation, vous savez, elle n'est certainement pas plus terrible qu'avant. Nous sommes au chaud, dans un pays libre où vous avez le droit de tout dire et où la prospérité globale est plus grande que jamais et que partout ailleurs. Relisez *Les Misérables* de Victor Hugo, et vous pourrez mesurer ce que l'abominable démocratie libérale nous a malgré tout apporté… J'entends des jeunes qui disent que nous vivons dans un monde épouvantable, que l'angoisse les étreint, que l'avenir est obscur. Oui, c'est vrai, à la différence des sociétés traditionnelles où les hommes sont enchâssés dans des cases de l'enfance à la mort, il nous faut inventer nos vies. Un exemple entre mille : il n'y a plus de mariages arrangés, donc on peut divorcer… Mais qui voudrait revenir au mariage de raison ? Qui voudrait revenir à un monde guidé invariablement par les coutumes et les traditions ? Le monde moderne effraie ceux qui craignent d'être libres, mais soyons clairs, être un jeune Juif dans les années 1930, ce n'était pas franchement folichon ; être un jeune homme en 1914, n'était-ce pas plus terrible ? Ou en 1870 ? Est-ce que vous croyez que les massacres de chrétiens que l'on évoquait il y a un instant, ce n'était pas terrible ? Dans ma famille, j'appartiens à la première génération de garçons qui n'a pas fait la guerre ! Mes arrière-grands-pères ont connu celle de 1870, avant encore celle de Crimée, mes grands-parents étaient dans les tranchées, mon père est parti en 1940, mes oncles, plus jeunes, en Algérie… De ce point de vue, les choses vont plutôt mieux, non ? Et tout ce qu'on peut regretter, c'est que ce mixte miraculeux de liberté et de bien-être inventé par le génie européen ne soit pas encore étendu au reste du monde. Pour ce qui est du Christ, il faut être clair : on ne sait quasi rien sur lui. Historiquement on est à peu près certain qu'il a existé, c'est plus que probable en tout cas, mais c'est à peu près la seule chose qu'on sache de lui, hormis sa doctrine...

SALLE

Une question un peu simpliste : si Constantin ne s'était pas converti au christianisme, est-ce que la face du monde aurait été changée ?

LUCIEN JERPHAGNON

Le rôle de Constantin a été très important. Un théologien vous dirait que, de toute façon, le Christ aurait triomphé. Maintenant il ne fait pas de doute que Constantin a beaucoup aidé la christianisation de l'Empire ; sans lui le processus aurait pris beaucoup plus de temps. Je ne peux pas vous dire si ça aurait réussi ou pas. Mais comme Constantin avait créé ce que j'ai nommé un appel d'air, il était fatal que le christianisme devenant religion d'État les gens s'empressent vers lui. Pour le meilleur et pour le pire. Maintenant, que son rôle ait été décisif, j'hésiterais parce que les théologiens me reprendraient en disant que cela ne dépend en rien de Constantin, mais de la grâce de Dieu.

ÉRIC DESCHAVANNE

La raison d'être de cette séance était de tenter de comprendre, à partir de vos textes, les raisons qui permettent d'expliquer le succès du christianisme. La conversion de Constantin apparaît insuffisante...

LUCIEN JERPHAGNON

... accidentelle.

ÉRIC DESCHAVANNE

Oui, dans la mesure où l'on peut considérer que c'est simplement un résultat. La question est de comprendre les conditions de possibilité de la conversion de Constantin. Qu'est-ce qui a rendu possible la conversion d'un empereur romain à une religion qui était par ailleurs persécutée quelques décennies auparavant ? Et vous avez bien expliqué qu'il y avait un affaissement de la religion civique, que le lien entre la religion civique et les individus s'était distendu et qu'émergeait une sorte d'individualisme spirituel et métaphysique. Dans ce contexte, il y avait dans la formule du christianisme une forme de réponse à cette aspiration qui explique la croissance du nombre des chrétiens en dépit des persécutions.

LUCIEN JERPHAGNON

La nature a horreur du vide. Or le paganisme se vidait peu à peu de sa substance et de sa capacité d'attirer du monde. D'autant qu'il y avait une évolution philosophique qui manifestait une insatisfaction. Lisez des gens comme Juvénal : ce n'est pas quelqu'un qui va au temple tous les dimanches, si je puis dire. Sa piété n'est pas frappante. L'idée d'un Styx, des mânes, tout cela lui apparaît comme bien puéril. Dans ce contexte, le christianisme apparaît tout à fait nouveau et très fort. Comme le dit Luc Ferry dans ses ouvrages, c'était tentant d'être aspiré vers cette présence salvatrice.

ROBERT DE LOAIZA

Comment expliquer que le christianisme ait été un succès chez les Romains et un échec chez les Juifs ?

LUCIEN JERPHAGNON

Parce que les Juifs, depuis toujours, avaient devant les yeux la présence de leur dieu personnel qui, aux yeux des Romains, était un dieu ethnique. C'est la raison pour laquelle les Juifs n'étaient pas très aimés à Rome, sans pour autant être persécutés pour leur religion. Ils payaient même une sorte de redevance pour cela. Ils ne se livraient pas au prosélytisme. Bien qu'il y eût des *timentes deum*, des craignant-Dieu, cela n'allait guère plus loin. Tandis que le christianisme concernait, et c'était un motif d'inquiétude pour les Romains, aussi bien des Galates, des Romains pur sucre, des Grecs… L'adoration n'avait pas de frontières, ce qui apparaissait dangereux.

LUC FERRY

On pourrait ajouter que l'idée d'un dieu faible est inimaginable dans la perspective juive :

ça n'a aucun sens. Paul le dit : c'est un scandale. L'idée d'un dieu faible et d'amour n'a pas de sens. Quant à l'incarnation, elle ne peut être qu'idolâtre. Sur ces deux points, le Dieu chrétien est parfaitement irrecevable par les Juifs. Pour répondre à la question d'Éric : il fallait bien que cette réponse à la question du salut finît par fonctionner culturellement. Souvenez-vous de l'interrogation de Paul Veyne : les Grecs croyaient-ils à leurs mythes, à leurs dieux ? C'est une vraie question : ils devaient y croire assez moyennement. En tout cas, dans l'Empire romain, la croyance dans les mythes s'était affadie, elle était devenue mécanique, instrumentale. Face à cette réponse faible ou tiède, la ferveur chrétienne devait s'imposer à un moment ou à un autre. Lucien Jerphagnon, dans son roman magnifique *La Louve et l'Agneau* – un roman que j'ai vraiment lu avec passion –, raconte très bien comment cette religion a dû profondément impressionner les Romains, précisément par la puissance de conviction qu'elle exigeait et dont elle témoignait. On y voit ce fonctionnaire romain qui, persécutant les chrétiens, éprouve cependant une réelle compassion et même une admiration pour eux tout en trouvant très étrange que l'on puisse mourir pour sa foi. La résistance a toujours quelque chose d'admirable, quand elle va jusqu'au sacrifice de sa vie. Car ce sacrifice rend évidemment crédible celui qui l'accomplit.

Table

Luc Ferry
dans Le Livre de Poche

Des animaux et des hommes   n° 4164
(avec Claudine Germé)

Prenant argument de l'animal, de la manière dont les hommes l'ont considéré au fil du temps, L. Ferry et C. Germé nous convient à une très étonnante promenade à travers les textes de la pensée occidentale, du XVe siècle au début du XXe.

L'Homme-Dieu   n° 14261

Le recul des religions révélées, la laïcisation de la société, l'émergence, avec le marxisme, la psychanalyse et le structuralisme, d'une nouvelle philosophie de l'homme ont-ils renvoyé la question du sens de la vie à la sphère privée, au libre choix – ou au désarroi – de chacun de nous ?

Homo Aestheticus   n° 4074

Ou la question de l'art aujourd'hui. À travers l'analyse des présupposés de l'art, Luc Ferry s'interroge sur l'individualisme démocratique et montre qu'il est possible de penser de nouvelles règles de vie collective dans un univers qui sacralise la volonté des sujets.

Kant. Une lecture des trois « Critiques »   n° 4423

Il est impossible d'entrer vraiment dans la philosophie si l'on ne prend pas le temps de comprendre en profondeur au moins un grand philosophe. C'est dans cette perspective que je me suis efforcé d'offrir au lecteur une introduction aussi claire que possible aux trois ouvrages majeurs de Kant – ses trois *Critiques*. L.F.

Le Nouvel Ordre écologique   n° 4336

L'écologie s'est imposée comme un problème de civilisation et un enjeu politique capital. Cet ouvrage, riche en surprises, couronné par le prix Médicis de l'essai, ne plaide pas contre une éthique de l'environnement, mais bien pour son alliance avec la démocratie.

Qu'est-ce qu'une vie réussie   n° 30244

Notre société nous incite à penser la « réussite » sur le mode du rêve éveillé. Rêves de possession, rêves de séduction… Ce livre évoque les grandes réponses apportées par nos prédécesseurs. Et suggère une voie nouvelle…

Le Religieux après la religion   n° 4404
(avec Marcel Gauchet)

Comment penser le religieux après la sortie de la religion ? Faut-il voir au cœur de l'âge laïque une persistance du sacré ? Luc Ferry et Marcel Gauchet éclairent ici notre perplexité et leur désaccord par une discussion serrée, sans polémique ni compromis.

Le Sens du beau   n° 4289

Dans l'Antiquité, la question des critères du Beau ne se posait guère. Au Moyen Âge, l'art a pour fonction de mettre en œuvre dans un matériau sensible une vérité *supérieure et extérieure* à l'humanité, celle de la splendeur des attributs divins. Au XVIIᵉ siècle, l'œuvre a pour vocation de *plaire à la sensibilité des êtres humains*. Au XVIIIᵉ, elle n'apparaît plus comme le reflet d'un univers transcendant, mais comme une création de part en part réalisée par et pour les êtres humains.

 Le Livre de Poche s'engage pour
l'environnement en réduisant
l'empreinte carbone de ses livres.
Celle de cet exemplaire est de :
250g éq. CO$_2$
PAPIER À BASE DE   Rendez-vous sur
FIBRES CERTIFIÉES   www.livredepoche-durable.fr

Composition réalisée par NORD COMPO

Achevé d'imprimer en octobre 2012 en Espagne par
Black Print CPI Iberica, SL.
Sant Andreu de la Barca (08740)
Dépôt légal 1re publication : janvier 2010
Édition 04 : octobre 2012
LIBRAIRIE GÉNÉRALE FRANÇAISE – 31, rue de Fleurus – 75278 Paris Cedex 06

BBC books Life
Extraordinary animals
Martha Holmes

The Irish Century
M. MacCarthy

+ Dublin, a grand tour
O'Brien